上海社会科学院
经济研究所
青年学者丛书

国家治理现代化中的地方智库研究

谢华育／著

上海社会科学院出版社
SHANGHAI ACADEMY OF SOCIAL SCIENCES PRESS

丛书编委会

丛书总序

上海社会科学院经济研究所作为一家专业社会科学研究机构，主要从事政治经济学、经济史、经济思想史等基础理论研究。近年来，顺应上海社会科学院国家高端智库建设的要求，经济研究所依托学科优势，实施学科发展与智库建设双轮驱动战略，在深入开展基础理论学术研究的同时，也为政府和企业提供决策咨询服务。经过多年的努力，经济研究所在宏观经济运行、产业与科技创新发展、区域经济发展、金融与资本市场发展、贸易中心与自贸区建设、能源与低碳经济等研究领域，积累了大量的高质量研究成果。

党的十八大以来，习近平总书记把马克思主义政治经济学的基本原理同中国特色社会主义的实践相结合，发展了马克思主义政治经济学，提出一系列新思想新论断，创新并丰富了中国特色社会主义政治经济学理论，为中国和世界带来了新的经济发展理念和理论。

新时代中国特色社会主义政治经济学的提出，一方面，对包括经济研究所科研人员在内的广大经济理论研究工作者提出了新的、更高的理论研究要求；另一方面，也为经济学理论研究拓展出更为广阔的研究领域。

根据我国经济理论和现实发展现状，学术界迫切需要研究下列理论问题：关于社会主义初级阶段基本经济制度的理论，关于创新、协调、绿色、开放、共享发展的理论，关于发展社会主义市场经济、使市场在资源配置中起决定性作用和更好发挥政府作用的理论，关于我国经济发展进入新常态、深化供给侧结构性改革、推动经济高质量发展的理论，关于推动新型工业化、信息化、城镇化、农业现代化同步发展和区域协调发展的理论，关于农民对承包的土地具有所有权、承包权、经营权属性的理论，关于用好国际国内两个市场、两种资源的理论，关于加快形成以国内大循环为主体、国内国际双循环相互促进的新发展格局的理论，关于促进社会公平正义、逐步实现全体人民共同富裕的理论，关于统筹发展和安全的理论等一系列基本理论，等等。这些理论涵盖了中国特色社会主义经济的生产、分配、交换、消费等主要环节，以及生产资料所有制、分配制度与分配方式、经济体制、宏观经济管理与调控、经济发展、对外开放等各个层次各个方面的主要内容。这些研究主题当然也成为经济研究所科研人员面临并需要重点推进的研究课题。

青年科研人员代表着一家社会科学研究机构的未来。经济研究所长期以来一直重视支持青年科研人员的研究工作，帮助青年科研人员提升其研究能力，组织出版《上海社会科学院经济研究所青年学者丛书》就是其中的重要举措之一。本丛书包括的著作基本上都是本所青年学者的处女作，是作者潜心研究、精心撰写，又根据各方面意见建议反复修改打磨的精品成果，也是作者进入经济学专业研究生涯的标志性科研成果。

本丛书的研究主题涉及理论经济学一级学科的重要议题，毫无疑问，这些研究成果对于经济研究所的学科建设工作将发挥重要作用。另一方面，本丛书中的很多研究成果与当前我国经济社会现实发展问题密切关联，这就为进一步开展决策咨询研究作了坚实的理论思考准备。因此，本丛书的出版也将促进经济研究所的智库研究工作。

2026 年将迎来经济研究所建所 70 周年，本丛书将成为经济研究所青年科研人员向所庆 70 周年呈献的一份厚礼。

丛书编委会

2023 年 8 月 30 日

前　言

2015 年和 2017 年，中办、国办联合相继发布了《关于加强中国特色新型智库建设的意见》《关于社会智库健康发展的若干意见》两个重要文件，此后中国特色新型智库快速发展，迄至于今已经发展将近十年。在这期间，中国特色新型智库建设成果斐然。中国新型智库体制机制逐步完善，智库成果质量日益成熟，智库发展的专业化程度日趋提升，智库联盟呈网络化发展。与智库发展的日新月异相比，对中国特色新型智库的研究却依然不充分。地方智库是中国特色新型智库体系的“底层细胞”，在我国国家发展和地方发展中起到了重要作用，尽管如此，对于地方智库的研究却依然存在空白。之所以展开本书的研究，就是希望弥补这一缺憾，能够从不同的视角展现中国特色新型智库的发展。然而随着研究的深入，一些智库研究中根本性的理论问题也显露出来。

如何从理论上把握中国特色新型智库的发展呢？中国特色新型智库的发展是与新时代伟大变革相同步的。对中国特色新型智库的理论研究也是这个时代马克思主义中国化理论探索的重要内容。智库理论建设理应从新时代中国特色社会主义思想中汲取养分，并把中国特色新型智库的理论探索与之相衔接。本书把中国特色新型智库建设理解为国家治理体系和治理能力现代化建设的重要内容，并在国家治理现代化的理论视角下探索中国特色新型智库建设。无论对于国家治理现代化而言，还是对于中国特色新型智库而言，相关理论探索都是必须的，同时理论创新的潜力也是巨大的。把国家治理现代化与中国特色新型智库建设，特别是地方智库建设结合在一起，是非常有意义的理论尝试。一方面，从地方智库的视角更能展现出国家治理现代化建设的特点。地方智库本身是具有层次性的，且位于我国治理体系的基层，由下而上，可以更好地展现我国国家治理的体系性。而且从地方智库发展的角度，也能观察到我国国家治理是一种顶层设计与基层探索的互动。另一方面，通过国家治理现代化视角描述地方智库的发展，可以更好地为地方智库研究定位，运用相关治理理论理解地方智库的功能和作用。因此本书在第一章中，将近年来我国学者在国家治理现代化中的研究成果引入智库研究领域，希望为中国特色新型智库研究找到一个理论基础，同时又从地方智库的研究中回视国家治理，并试图为国家治理现代化理论建设有所贡献。

在理论研究的基础上，本书对我国地方智库发展的状况进行了多方面的分析。本书通过调研走访、数据爬虫工具应用等多种方式，对我国地方智库发展的信息进行了收集，并希望从多角度展现我国地方智库发展的成果，以及对国家治理现代化所作出的贡献。本书第二章对地方智库的概念进行了定义，并对我国地方智库发展的整体情况进行了分析，从中我们可以看到地方智库在我国国家治理现代化建设中发挥了重要的作用，而其发展本身又与改革开放的步伐相关联，地方智库发展本身是我国行政体制改革的成果和体现。

由于地方智库来自不同的区域，从区域的视角能更加全面审视地方智库发展同行政体制改革、经济体制改革的关系。在地方智库的区域研究中，本书发现了一些有趣的现象。不仅经济较发达的北京、上海等地地方智库发展水平较高，西南一些省份的地方智库发展势头同样较强。地方智库的发展与区域发展存在相关性。本书对地方智库还进行了分类研究，对地方党政智库、社科院智库、地方高校智库以及地方社会智库和企业智库进行逐一分析以后，本书发现，不同类型的智库构成了中国特色新型智库发展的生态体系，各类智库既存在良性的差异化竞争，同时又相互弥补。这使得中国特色新型智库的发展呈现出可持续性，并足以使人们憧憬中国特色智库发展的未来。为了进一步说明地方智库在国家治理现代化中的作用，本书围绕地方智库对于重要智库议题的研究进行分析，以说明智库的决策咨询作用。

在对地方智库进行宏观的整体性分析，中观的区域和类别分析之后，本书还以案例研究的方式进行了微观研究。分析了地方智库与国家重要战略任务之间的关系，并揭示了这些智库在智库研究管理、吸引智库要素集聚、智库研究方法创新、智库对国家治理作用等方面的作用。

中国特色新型智库发展中孕育了诸多智库创新，这些创新可能影响中国特色新型智库发展的未来。因此，本书特别以新型城市智库和媒体智库为例，说明地方智库发展对于中国特色新型智库发展创新的作用。在对地方智库进行宏观、中观、微观的审视之后，本书还对中国特色新型智库发展提出了发展建议。

目　　录

第一章　国家治理体系和治理能力现代化与地方智库研究

——一种理论探索

审视智库发展的一般理论有助于我们对我国地方智库的发展进行考察。遗憾的是，在智库发展的一般性研究上，我们却无法获得一套理想而有效的理论。智库最先发端于欧美国家，因此欧美国家有关智库理论的研究也相对较早。事实上，我国智库研究在起步阶段也参考了诸多欧美国家的智库研究成果，然而不可否认其存在较多缺陷。

首先，欧美智库理论研究存在价值取向混淆科学研究的现象。欧美国家智库产生于 20 世纪初期，它的产生与西方国家历史发展的特点有关。比如美国的布鲁金斯学会、卡内基国际和平基金会等早期智库，它们的建立受到美国进步主义思潮的影响，因此提出了超越权力和资本的公益理念，并努力希望实现财务、服务、研究的独立性。智库独立性作为智库的最主要特征，也成为智库理论发展的基石。然而智库独立性只体现了早期智库创立者的政治和社会理性，作为智库理论的基石却是脆弱的。已有的研究表明，智库财务的非营利性、服务的公益性、研究的独立性在后来欧美智库每一轮的发展中，都在逐步丧失。① 然而目前欧美等西方国家对智库的理论定义依然以理想性的财务、服务、研究为依据，实际上混淆了智库发展过程中的价值取向与客观事实。以此为依据进一步对智库发展的一般化规律进行探讨，也有失科学性、客观性、严谨性。

其次，以欧美智库经验为基础的实证研究无法得出智库发展的一般规律。事实上，近年来欧美国家的智库研究采用了大量实证性研究方法，以保证研究

---

① 谢华育，杨亚琴，李凌. 警惕大资本驱动下的智库异化——以欧美智库发展演变为鉴[N]. 光明日报，2017 - 07 - 20(11).

的客观性。这些研究值得我们借鉴。例如，对智库在公共政策形成过程中承担的社会职能，欧美学者提出了智库可以推动政策思想去垄断化(Sabatier et al.，1993)，智库建设可以创建政策思想市场或智力市场(Easterbrook，1986；Smith，1991)等。对于西方学者而言，智库是政府工作流程细致分工的产物，它犹如外脑，帮助政府进行科学决策。智库在财务上是独立的，在体制上外在于政府，在研究上又是客观的。它可以为政策制定者提供合理的政策解决方案，特别是关于政策实施成本与收益的信息(Kingdon，1995；Krehbiel，1992)，以此有效克服决策过程中存在的模糊区域(Cohen et al.，1972)、复杂性和微弱的选择压力(Simon，1985)。另外，智库的存在有助于汇总社会各个阶层对于政策制定的意见，特别是对于处在社会边缘、话语权较弱的群体，智库可以将他们的声音传递给政策制定者，并以报告的形式向社会公开表达他们的诉求(Zhu，2008)，充当边缘利益代言人的角色。一些西方学者指出，智库在社会功能上还可以联合媒体执行社会监督，智库专家公开辩论、宣扬观点、监督政府行为和批评公共政策，由此形成一种具有说服力的监督，并获得公众更多的关注和支持，这是智库提升决策影响力和大众影响力的一贯方式(Shambaugh，2002；Glaser et al.，2002)。然而，这些理论主要基于欧美等国家智库发展的经验得出。智库是为公共政策制定服务的，而最终决定公共政策制定的是政府及其行政特点。

西方国家在政府行政体制上与中国的行政体制迥异，以欧美经验得出的智库发展理论虽然对我国智库发展有一定借鉴作用，但是它并不能适应中国特色社会主义新型智库的建设。当然，西方学者也注意到智库发展在转型国家和地区对改革的意义。比如对俄罗斯和中东欧智库在经济和政治转型中的作用的研究(Sandle，2004)，对亚洲、非洲、南美洲和中东欧地区转型国家智库作用的个案研究(麦甘，2005)等。他们也注意到 20 世纪 90 年代智库对中国改革开放的作用(Naughton，2002)。但是西方学者对发展中国家和转型国家改革的研究是有预设目标的，往往认为所有发展中国家改革的目标都是经济的市场化、政治的民主化。在他们看来，发展中国家的改革必须符合华盛顿共识，而这些想法显然与中国智库的发展，特别是中国特色社会主义新型智库的发展理念相去甚远。

第一节　行政管理体制改革与智库建设

2009年，薛澜和朱旭峰发表的《中国思想库的社会职能——以政策过程为中心的改革之路》一文，是中国智库研究的重要文献。该文注意到中国智库发展与改革之间存在紧密关系；薛澜后来进一步深入地从国家治理现代化的角度看待这一问题，认为国家治理体系改革更强调经济体制、行政体制和政治体制改革之间的关联性和协同性，其中，行政体制改革是所有改革的关键。《中国思想库的社会职能——以政策过程为中心的改革之路》一文正是从行政体制改革的视角来看待我国改革开放以后思想库或智库的建设与发展的，对于考察中国智库的发展具有较强的理论探索意义。然而，该文写作于21世纪初，在智库理论上依然大量借鉴了西方智库研究的相关理论，对我国行政体制存在的不足并没有从行政管理理论的角度给予解释。文章指出的我国公共政策决策存在的问题包括：公共政策的制定过程由行政体制决定，缺乏大众与社会精英广泛参与；行政部门利益割据导致政府各层级重大决策执行效率不高；政策制定首先是对上，也就是对领导者负责，而不是向下，对公众负责，这样就会导致政府领导者及具有权威性的官员在政策制定过程中具有较高的话语权。这些问题尽管尖锐，但从我国行政管理体制特点出发稍显浮于表面，甚至有些偏颇。文章对我国智库的社会职能依然沿用西方学者的看法，把智库的社会功能理解为理性决策外脑、边缘利益代言以及社会监督。这样定义中国智库，虽然也能揭示中国智库的一些功能特征，但并不能突出中国行政管理体制之下智库的独特性。

党的十九届四中全会明确指明，我国国家制度和国家治理体系具有多方面的显著优势，这些优势也涵盖了中国的行政体制；同时明确指出："必须坚持一切行政机关为人民服务、对人民负责、受人民监督，创新行政方式，提高行政效能，建设人民满意的服务型政府。"这为我们正确认识我国行政体制的特点提供了理论基础。笔者认为，中国特色社会主义新型智库建设的目的在于完善国家行政体制，优化行政决策和行政监督，其运行能够有效弥补公共政策制定、传播与执行、评估与监督中存在的短板。

在我国行政体制改革以前，行政管理权力高度集中于行政管理体制中，同时行政管理体制是一个自上而下的垂直管理结构，在我国体现为五级政府为主的行政管理层级。纵向看，下级政府要向上一级政府负责，中央政府向全体人民负责；横向看，不同的部门对各公共领域执行专业化管理。从信息传递的角度看，行政管理体制存在两方面的缺憾。

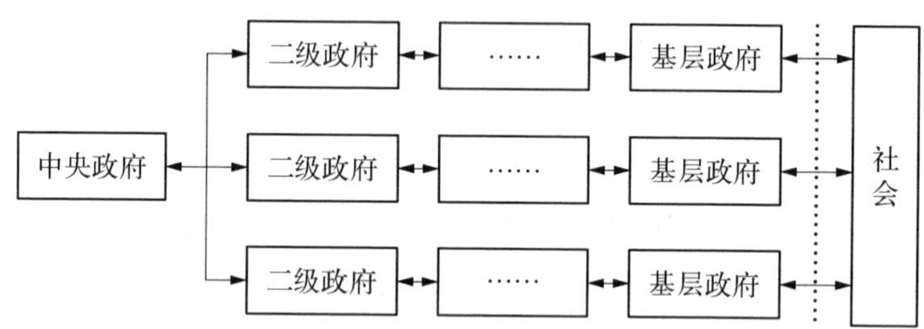

图 1－1　垂直行政管理体制下政府与社会的信息传递模式

一是公共权力集中影响有效信息的获得。在自上而下进行垂直管理的行政体制中，由于公共权力集中于政府，政府外生于社会和市场，这样，政府就较难捕捉社会变动和市场变化的信号，也难以迅速对这些变动做出反应。同时，政府对公共政策的制定实际上也是对公共资源进行分配；而在政府直接获取社会和市场信息时，社会主体和市场主体出于自身利益考虑，可能会发出误导信息，以期政府制定出符合自身利益要求的公共政策，这就为政府准确了解市场信息设置了障碍。比如，一些地方政府在招商引资中常常遇到信息不对称，地方政府需要仔细鉴别企业发展区域经济的意愿，因为有些企业只是想占用土地资源等，通过土地升值收益博取差价，而不是按照规划要求进行生产活动，并通过税收为地方财政做出贡献；又比如，企业会向政府夸大自身的发展情况，以获取政府进一步的扶持。这些信息的不确定性对政府决策的干扰是显而易见的；更严重的是，它加剧了政府和市场主体之间的不信任关系，心理上的不信任会反过来增加政府收集市场信息的难度，进一步降低所获信息的准确性。

二是行政部门专业化与公共管理实践的综合性之间存在矛盾。政府行政管理把公共权力根据专业划分分配给不同的部门，由政府各部门对社会和市场的不同方面进行专业化管理。不同部门对市场的认识和理解是不同的，对同一市场动向，有些部门可能认为好，有些部门则认为不好，这导致的问题是，判定标准可能完全从自身管理便利性的角度出发。因此，每个管理部门对于市场变动信息的处理可能大相径庭，在进行最终决策时，部门利益也会制约决策的科学性。政府行政管理的目的和初衷确实不是在公共政策制定过程中为自身所属部门谋取利益，但是从减少行政成本，包括出于减少行政财务支出、增加行政便利性、规避行政责任等要求出发，各行政部门确实在具体政策选择上，会希望公共政策制定有利于本部门，而不是选择对社会和市场最优的公共政策。比如，在优化营商环境建设和“放管服”改革中，各政府部门的行政难度和复杂性都会增加，这也成为推动这一改革的难点。也正是因为我国公共政策决策过程中存在这些问题，党的十九届四中全会明确指出，要“健全部门协调配合机制，防止政出多门、政策效应相互抵消”。

除了从内部思考我国行政管理体制的短板外，我们还需要从外部考察行政管理体制存在的缺陷。党的十九届四中全会提出：“通过完善制度保证人民在国家治理中的主体地位，着力防范脱离群众的危险。”所以我们要牢固树立“以人民为中心”的意识，思考如何完善行政管理体制。

如上文所言，由于政府外生于社会与市场，造成政府对外在信息获取的困难，但是社会和市场同时也渴望了解政策信息。尽管我国行政体制改革在政府信息公开上取得了巨大成果，然而如何使公共政策信息更好地被社会和市场所了解，依然是我们必须面对和经常忽视的问题。经济学家在研究我国货币政策对市场的影响时发现，由于政府在发布货币政策时，缺乏同市场进行沟通的能力，政策发布过于突然，且治策过程缺乏透明性、连贯性，银行和企业等市场主体无法对政策做出合理预期，因而无法预先调整自身的经营策略，从而使政策对市场形成“消息冲击”。[①] 这一方面增加了市场主体适应政策的成本，也就是银行和企业只能被动地改变自己的经营计划，并因此蒙受相应损失；另一方面也使得政策效果受到影响。实际上，对于所有政策而言，市场能预期的政策，比不能预期的政策有更好的政策效果。于是问题出现了，政府如何使市场能够对政策形成适当的预期？政府在面对这个问题时也存在两难：一方面提前泄露政策信息会带来不公平，因此只能在政策公布之前做好保密工作；另一方面这也使得社会和市场对政策的预见变得不可能。这样的问题单一地通过行政体制内部的改革加以完善，实际上是具有一定困难的。

第二节　智库的平台网络功能

我们应该认识到，仅依靠政府进行公共政策制定是一种单一的、线性的治

① 王曦，王茜，陈中飞.货币政策预期与通货膨胀管理——基于消息冲击的DSGE分析[J].经济研究，2016，(2)：16－29.

策过程。政府主导整个过程，与其他主体的互动难免存在一些阻力，其他主体最终只能成为政策的接受者。这种治策过程较难回避由政府自身在知识储备、制度和管理方式等方面的缺陷而导致的障碍，也使治策过程受到信息不对称的干扰。笔者认为，从社会功能的角度看，智库构成了一张联结政府、市场、专家的网络，这种网络结构可以有效完善由自上而下、垂直化管理而造成的行政管理体制缺陷。在治策过程中引入智库，是降低信息不对称影响的有效手段。因为智库所依托的是以其为中心的知识信息网络，智库参与治策会改变决策方式。

一般而言，智库具有以下特点：首先，智库可以吸纳不同类型的知识信息，包括专业知识，各种社会和市场信息。其次，智库本身不具备任何公共权力——在我国大多数智库定位于公益性服务机构。最后，从中国特色社会主义新型智库的建设实践看，许多智库相较于政府，对各种社会主体和市场主体更为熟悉，对各种社会和市场变化也更加敏感。围绕基于上述特点的智库所形成的知识网络具有三大功能。

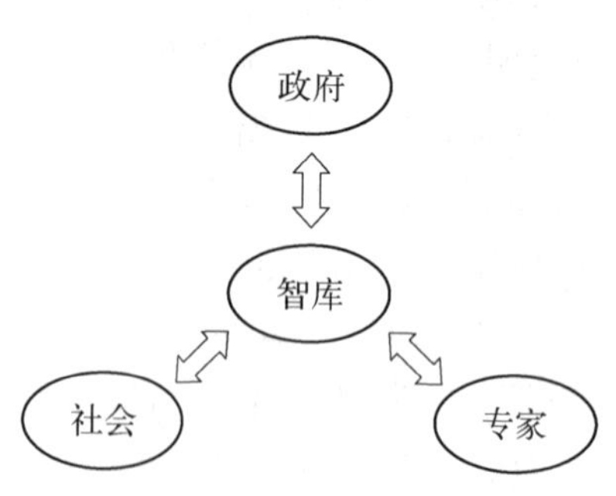

图 1-2 围绕智库形成的信息交流网络

首先，知识网络意味着可以将信息主体和知识资源集聚在一起，形成一个由智库、政府、政策关联方、专家和学者组成的网络。实际上，智库产品生产就是一个知识整合的过程，网络的形成使得对知识的整合变得顺理成章。由于智库位于这个网络的中心位置，知识整合因此也由其主导。尽管这个网络中的各个主体都可以双向互动，但是智库与其他要素的沟通最为有效。智库与政府的关系已经被诸多学者反复说明。概括来说，智库了解政府的治策过程，并与政府官员保持紧密沟通，可以从行政管理的专业角度了解政府需求。上文提及政府与市场主体或者政策相关方进行交流时存在种种不便，但当智库与市场或社会中的企业、社会团体甚至个人进行沟通时，由于智库是第三方机构，由它代替政府了解市场，便可以更加准确地了解社会和市场信息。专家实际上是知识生产的主力军，但是专家提供的知识产品，与可供决策使用的智库产品并不完全相同，特别是对于那些从事基础理论研究的专家而言，他们一般外在于智库，但是智库必须与之保持联系，他们的工作虽不会对治策产生直接影响，但是依然会改变治策的思维方式。智库的优势正在于具备基础理论素养，能够掌握这些专家的成果，并将之融入自身的智库产品中，使智库产品更具战略眼光和理论深度。世界上的许多智库，正是利用自身在知识网络中的中心位置，提出了切合实际、具有理论深度又符合政府治策规范的研究成果。有些国际智库，甚至利用自己在世界各地与政府、市场、专家交往过程中积累的信息与知识，提升自身智库产品的品质。比如，国际食物政策研究室（IFPRI）在越南的项目，就通过监测越南大米市场，影响大米价格，并分析由此对农民和消费者的影响。他们在为政府提供替代政策的同时，还协助政府官员进行培训，促进新政策更有效地执行。在中国，他们与中国的高校合作，积极把与粮食生产有关的农学、水利、公共管理知识纳入智库研究中，为中国的粮食政策制定提供了智库产品。

其次，知识网络的存在有利于智库的知识创新。有些西方学者把政府治策总结为“政策典范模式”，意指政府在决策过程中受到某种知识框架的影响，政策选择是依据这一框架做出的。政策典范模式的存在说明了政府在决策时无法面对市场变动及时调整治策策略的缺陷，而智库处于知识网络的核心位置，能够洞察市场变化并及时做出有效反应，因而可以对治策变量进行调整，从而弥补政策典范模式的缺陷。比如随着新经济的兴起，我国一些大型互联网企业下属的研究机构提出了某些新的经济统计指标和方法，这些是隶属于政府的统计部门所无法做到的，而前者显然可以有效地对后者的统计工作进行补充和完善。

当然，值得注意的是，给予知识网络以知识创新的是两股动力。首先，是专家和学者的知识探索，这是一种个体性的知识创新，取决于专家和学者个人的知识积累、思想冒险，但是这种知识创新对治策的影响是有限的。其次，在更多的情况下，知识创新是知识网络中各个主体集体的成果。不同的智库、政府工作人员、市场人士、专家学者都参与了这种知识创新，实际上这种知识创新是知识演化的结果。知识演化可能起源于一个微小的知识创新，一个新理念、新思想或者新方法，这个微小的知识创新随后在知识网络中传播，在被知识网络中不同主体接受的过程中，它被无数次地修正和再创新，最终随着知识传播过程完成。知识创新与其本来面目已经完全不同，它变得更成熟，更有可操作性，也更广泛地为人接受，因此这种创新也更易于融入正式的治策过程，并发挥其影响。

再次，知识网络使智库成为知识交流、信息交易、信息传播的渠道。因为以智库为核心的知识网络可以撮合知识生产和知识消费，使得信息资源能够得到合理配置，因而智库也可以被类比为专业知识和信息的“交易所”。实际上智库作为信息渠道的意义还远不止于此。一方面，作为信息渠道的智库可以向社会主体、市场主体、民众提供政策信息，告知公众复杂的政策议题，公民在对这些议题进行了解后做出反应，智库将这些信息反馈传递给政府，这样实际上把各种市场主体、社会主体、民众吸纳到治策过程中。另一方面，在政策制定的最后阶段，信息渠道还为政府在发布政策之前提供了测试市场反应的机会。智库可以了解市场对政策的反应，使得政府有机会对政策进行调整。同时信息渠道也为市场主体对政策进行预判提供了依据，尽管市场主体依然无法准确了解最终的政策，但至少它可以对可能出现的政策选择进行充分准备，预先调整经营活动。

因此我们可以说，正因为知识网络的存在，智库才能充分服务于政府、市场和社会，弥补政府单向度治策的短板，使政府与市场或者政府与社会的关系，从以政府为主导，转向政府与社会或者政府与市场互动。在公共政策的产生、颁布与执行、监督与评估、反馈等各个方面，智库都能提供助力，这是符合国家治理现代化要求的。

薛澜和朱旭峰在对我国改革与智库建设的研究中，明确了改革与智库相互影响的两条路径。一方面，智库建设是我国行政体制改革或者公共政策治策方式改革的产物。他们指出：“为了制定出符合国家发展长远利益的可操作的公共政策，我们需要寻找一条适合中国政治体制的改革之路。”于是他们从基本的政策过程理论出发，并把智库或“思想库”作为公共治策过程的重要机制之一。[①] 另一方面，他们又用实证方法说明了，中国的智库为中国的经济体制改革以及其他各类改革发挥了重要作用。[②] 薛澜教授更是点明了改革与国家治理体系建设的重要关系。国家治理体系建设需要进行多方面的改革，智库是行政体制改革的产物，同时智库又促进了经济体制等方

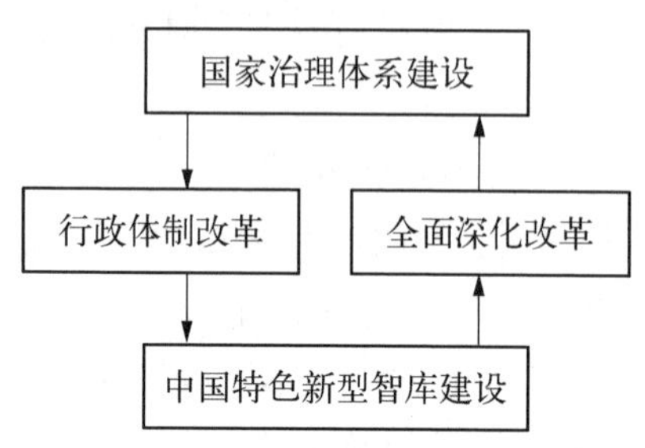

图 1-3 我国国家治理体系建设与中国特色新型智库建设关系路径图

① 薛澜，朱旭峰. 中国思想库的社会职能——以政策过程为中心的改革之路[J]. 管理世界，2009，(4)：55.

② 薛澜，朱旭峰. 中国思想库的社会职能——以政策过程为中心的改革之路[J]. 管理世界，2009，(4)：61.

面的改革，最终促进了国家治理体系的建设。

党的十八届三中全会在《中共中央关于全面深化改革若干重大问题的决定》中指出："全面深化改革的总目标是完善和发展中国特色社会主义制度，推进国家治理体系和治理能力现代化。"党的十九届四中全会在《中共中央关于坚持和完善中国特色社会主义制度　推进国家治理体系和治理能力现代化若干重大问题的决定》中又明确提出："推动中国特色社会主义制度更加完善、国家治理体系和治理能力现代化水平明显提高。"由此，我们又应该如何从理论上把握中国特色新型智库建设呢？党的二十大报告在提出二〇三五年我国发展的总体目标时指出："基本实现国家治理体系和治理能力现代化，全过程人民民主制度更加健全，基本建成法治国家、法治政府、法治社会。"党的二十届三中全会进一步强调："推动生产关系和生产力、上层建筑和经济基础、国家治理和社会发展更好相适应，为中国式现代化提供强大动力和制度保障。"在理论逻辑上，我们要把握党的十八大以来，国家治理体系建设与行政体制改革的特点。

首先，党的十九届四中全会明确指出"坚持党的集中统一领导是新时代国家治理体系建设最重要的特点"。有论者指出，我国行政体制改革的基本逻辑是：改革行政体制以使其能够有效执行中国共产党旨在解决社会主要矛盾的策略。党的十八大以来，通过加强党的领导、实施党的机构改革以及优化党和国家监督体系顶层设计，以期提高行政效能。行政效能的提升需要党统领政治资源（于君博，2018）。中国的国家治理现代化改革表现为具有国家治理合法性权威的政党自上而下提升其合法性与权威，进行"党和国家机构的改革"，"加强党的领导核心的国家治理体系建构"，是党和国家组织重组的制度化进程的深化（白智立，2019）。笔者认为加强党的领导能极大促进行政体制改革的深入推进。一方面，加强党的领导能促进各项改革任务以系统集成的方式推进。党的十八届三中全会以后，全面深化改革的推进更要求各领域改革系统有机地推进，单一的改革事项无法孤立推进。另一方面，改革总体推进需要有总体领导，做好顶层设计和全局统筹，这就要求党统领一切资源。党的十九大以后，国家治理体系建设的步伐开始加大，这要求通过加强党的领导，继续扩大行政体制改革的成果，继续根据行政体制改革推进的逻辑，带领包括行政资源在内的一切资源，推进国家治理体系和治理能力现代化。

其次，坚持以人民为中心是国家治理体系建设和行政体制改革的目的。党统领一切实现国家治理体系和治理能力的现代化，其目的是以人民为中心。

这一方面要求政府从管理转变为治理，也就是政府行政方式发生转变。夏志强认为，公民确立奠定了现代国家治理的坚固基础，“在新时代，坚持以人民为中心的发展思想其深意就在于此”，在党统领一切的前提下，要“以合作行动创造国家治理现代化的动力”，社会、市场、政府在明确划定边界的基础上充分展现各自的正向功能。① 另一方面，政府职能转变的步伐在加快。服务政府的建设是践行以人民为中心的重要举措，目前进行的许多重要行政改革事项都与服务政府的建设有关，比如营商环境建设、“放管服”改革、事中事后监管等。服务政府建设的成效是检验政府治理体系和治理能力现代化的重要标准，不仅要求我国行政体制从官本位向“以人民为中心”转变，更要求政府行政业务能力的大幅度提升。这就引出了国家治理体系建设与行政体制改革的又一特点：提升公共政策制定的科学性。

最后，科学行政在国家治理体系建设中占据重要位置。改革开放以来，我国通过多次行政体制改革，政府决策的科学性、客观性、严谨性都有大幅度提高。但是要做到既能让人民群众满意，又能着眼于我国经济社会发展的大趋势，做出最优的公共政策选择可以说极具难度。这既要求政府专业素质的提高，又要求政府做好政策宣传工作。党的十九届四中全会提出：“中国特色社会主义制度是党和人民在长期实践探索中形成的科学制度体系。”因此，突出科学性在我国国家治理体系和治理能力现代化建设过程中的重要性，其意义非同寻常。

第三节 智库建设在国家治理现代化中的作用

笔者认为，继续深入推进中国特色社会主义新型智库建设，有助于推动国家治理体系和治理能力现代化建设。上文已经对我国新智库发展理论进行了大致分析，我们认为，新时代中国特色社会主义新型智库在国家治理体系中应该发挥如下的功能。

一是发挥智库服务党和政府的研究功能。推进国家治理体系和治理能力现代化，必须坚持党的领导，这就要强调国家治理体系的体系性特征，在实践中要求改革的系统集成。这成为未来智库服务党和政府过程中需要重点研究

---

① 夏志强.国家治理现代化的逻辑转换[J].中国社会科学，2020，(5)：25.

的领域。智库应该发挥自身研究的全面性和现实性特征进行综合研究，从战略高度说明我国经济社会发展过程中各项公共政策实施中的轻重缓急。智库还需加大对重大战略性课题的攻坚，发挥自身平台网络的功能，集聚各类智库研究资源，围绕我国经济社会建设的具体实践把各专业学科领域合理整合起来，突出应用性导向，提升公共政策制定的整体水准。

二是继续提升智库对公共政策制定的科学服务水平。围绕国家治理体系建设的系统性和科学性，智库应该继续吸收现代科学技术研究的手段。智库应该充分发挥自身的网络平台功能，使各方信息能充分交流，在科学理论和方法的引导下，对各项公共政策选择做出合理的判断，使得公共政策制定既能贴近社会和市场的实际情况，又能从历史发展的高度合理对待社会和市场的要求，把微观需求和宏观发展趋势结合起来，做出有利于国家和民族复兴、有利于人民的政策选择。

三是加强在党的领导下进行政策宣导工作。积极发挥智库在国家治理中的作用，智库应在党的领导下，加强公共政策宣传和对社会的引导，协助党凝聚社会共识，整合社会资源，提升公共政策的实施效果。智库应该采取更加新颖多样的政策宣导活动，让智库专家和科研人员更加贴近人民群众。一方面加强人民群众对政府公共政策的理解，让公众理解政府为人民服务的初心，增强政府与社会的相互理解；另一方面在接触普通群众的过程中，坚定智库科研人员“以人民为中心”的意识。

四是积极推动中国特色社会主义科学制度体系的理论研究。理论研究不是智库研究的主战场，但是智库的网络平台功能在公共决策上可以吸纳一切智库研究资源，包括科学理论研究资源。习近平总书记在“不断开拓当代中国马克思主义政治经济学新境界”的讲话中指出：“当前，世界经济和我国经济都面临许多新的重大课题，需要做出科学的理论回答。”智库不仅要在公共政策制定中，把优秀的理论成果转化成能为公共决策服务的智库产品，也要反过来把公共政策实践中许多优秀的做法，通过经验总结，传递给理论研究工作者，推动优秀理论成果的产生。

综上，笔者认为：在习近平新时代中国特色社会主义思想的指引下，中国特色社会主义新型智库建设应该围绕国家治理体系和治理能力现代化建设，发挥智库多样化的网络平台功能，在党的领导下，积极发挥综合研究、科学研究功能，紧密联系社会，积极推动智库研究和学科理论研究的双向互动，为中华民族伟大复兴发挥更大的作用。

第二章　地方智库整体发展情况研究

在我国从中央到地方的五级行政体系中，中央政府之外即是地方政府。在我国幅员辽阔的国土上，地方政府在中央政府的领导下推动着所辖地区的经济社会发展，它们需要切实贯彻党和中央政府的治策方针，结合所辖地区的特点，做出有效的地方性公共政策。因此，地方政府在治策过程中需要获得有效的决策咨询服务，这一点非常重要。事实上新中国成立以来，为了为地方政府提供决策咨询服务而成立了大量政策研究机构，特别是改革开放以来，随着我国经济社会的巨大发展，政府需要面对的问题更加多样和复杂，为地方政府提供决策咨询服务的各类机构也逐渐增多。这些机构构成了地方智库的主体。地方智库因为更贴近社会和市场，既能准确了解基层的信息，也能通过和基层建立的各种纽带关系向人民群众传递政府的政策之声。其重要性在中国特色社会主义新型智库建设中独树一帜。然而目前对地方智库的理论和实证研究状况与其重要性不能成正比。本项研究最重要的任务就是从改革与智库的互动关系出发，说明地方智库的总体特征，以及在深化改革过程中的功能作用。

第一节　地方智库的识别

何为地方智库？这似乎是个简单的问题。表面上看，地方首先是个地理概念。本项研究对上海社会科学院智库研究中心在《2019 年中国智库报告》中所掌握的 796 家智库的注册登记信息及办公地点进行了考察，主要根据注册地点划定了智库所在省份，对于在境外注册的智库，根据其办公地点划分所在位置，由此我们得出了中国各类智库在地理上的分布情况。

实际上，从地理分布的角度我们并不能准确把握中国地方智库的情况。注册和办公地在北京的智库，在中国智库总数中占比最高，但是这些智库大多

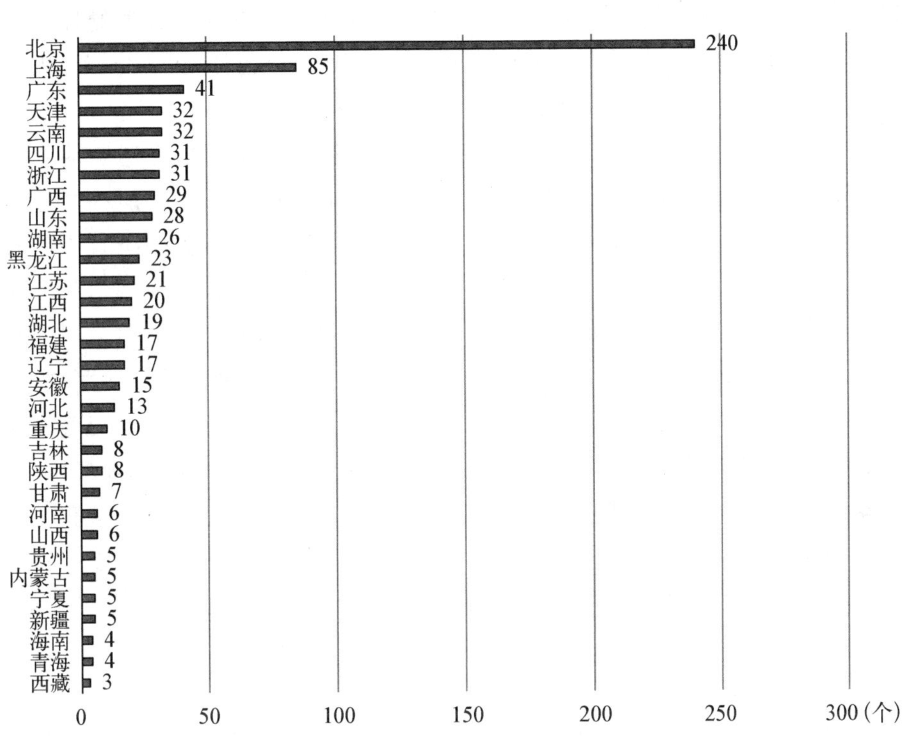

图 2-1　不同省份智库数量

属于中央党政和军队智库，并不主要对北京市和邻近地区公共政策进行研究。另外，首都以外的其他地方同样有许多主要为党和中央政府服务的智库，比如位于深圳的中国（深圳）综合开发研究院，以及大量直属教育部和其他中央政府部门的高校。因此，我们更应该从我国行政管理体制的特点出发，对地方智库进行识别。

上海社会科学院智库研究中心在历年《中国智库报告》的撰写过程中，一般把我国的智库分为 7 类，即高校智库、地方科研院所智库、国家党政和科研院所智库、地方党政智库、社会智库、企业智库和军队智库。在这个分类中，国家党政和科研院所智库、军队智库在行政上直属于党、中央政府和军队进行管理，属于国家智库。地方科研院所智库、地方党政智库属于并且服务于地方党委和政府，它们是典型的地方智库。本书根据各智库的登记注册信息，识别出国家党政和科研院所智库以及军队智库共 128 家，地方党政及科研院所智库 239 家。实际上，隶属于地方党委和政府的智库是较为典型的地方智库，它们的办公地点处于地方，又直接为地方党委和政府提供决策咨询服务，其地方性特征既符合行政管理意义，也符合地理划分的标准，更重要的是这些智库的研究重点是地方性的公共政策。相对而言，企业智库、高校智库和社会智库中要识别地方智库的情况则较为复杂。

如果通过企业登记注册信息识别某个企业智库是国家智库还是地方智库，当然是把中央级企业和在各省、自治区、直辖市（简称省份）注册的企业区分即可。中央级企业包括两部分，产业类的央企一般参考国务院国有资产监督管理委员会的《央企名录》，只要直属于央企管理，无论机构性质为何都可被划归国家智库。比如，电力规划设计总院，由中国能源建设集团有限公司领导管理，属于国家智库；金融类中央企业的智库较少，但也应属于国家智库，主要参考标准是其是否直属于国务院领导或者中央汇金投资有限责任公司直接控股；国家开发银行研究院，由于国家开发银行是直属于国务院领导的政策性银行，其研究院属于国家智库。企业智库中，其他在各省份登记注册的企业智库属于地方智库。根据企业注册信息得出的隶属关系，我们识别出地方性的企业智库 51 家，国家性的企业智库 15 家。其实，这种识别方式并不完美，一些隶属于央企的智库，实际上主要从事地方性的智库研究，比如中国能源建设集团广西电力设计研究院有限公司就属于这类情况。另外，一些在地方注册的企业智库，又主要进行的是全国性的政策研究，比如较为知名的“中国金融四十人论坛”，其主要关注的议题是宏观金融货币政策。前者显然不是典型的国家智库，后者就其重点关注领域而言，也不能属于典型的地方智库。特例的存在也让我们意识到，对于研究者来说，智库关注的领域也应该成为识别国家智库和地方智库的标准。然而，这条标准如果成立，也会为我们的识别工作带来困难，因为大多数智库既从事全国性的议题研究，也从事地方性的决策咨询服务。这个问题在对高校智库和社会智库中的地方智库进行识别的过程中，则显得更加突出。

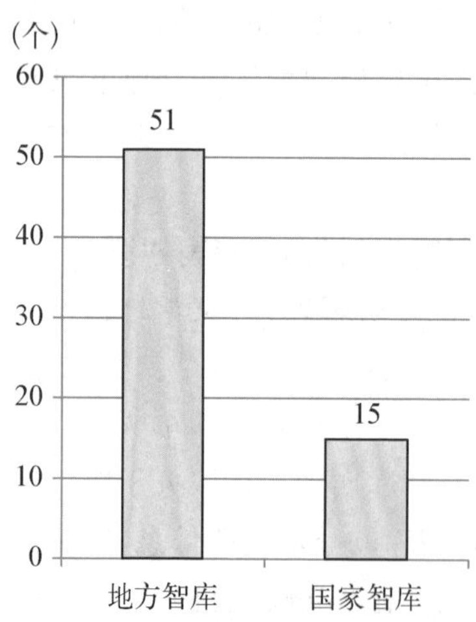

图 2-2　企业智库中的地方智库和国家智库数量

根据行政管理上的隶属关系，在从高校智库中识别地方性的高校智库时，我们把直属于教育部及其他中央机关部门的高校视为国家智库，其他高校智库视为地方智库。通过这种方法，我们识别出国家性的高校智库 181 家，地方性的高校智库 134 家。从智库关注的重点研究领域看，这样的划分同样是粗陋的。事实上，几乎所有这些国家性的高校智库都会关注地方性的公共政策议题，非在京国家性的高校智库则更多介入对当地经济社会发展的政策研究中。而被我们视为地方性高校智库的机构也可能主要关注国家性的议题。比如，浙江师范大学非洲研究院，主要从事非洲问题研究，这一领域当然是国家性的议题。但是如果我们把研究议题作为识别国家或地方智库的标准，同样也会陷入困境。因为大量国家性的经济社会议题，比如"粤港澳大湾区""精准扶贫"等，都具有地方性特征，议题本身就很难界定是国家性的还是地方性的，比如同样是"精准扶贫"，隶属于教育部的高校和隶属于地方的高校，研究侧重点会有所不同，我们无法根据研究是侧重中央层面还是地方层面再对其进行区分。事实上，无论是隶属于教育部的高校还是隶属于地方的高校，中央层面的内容和地方层面的内容都会涉及。

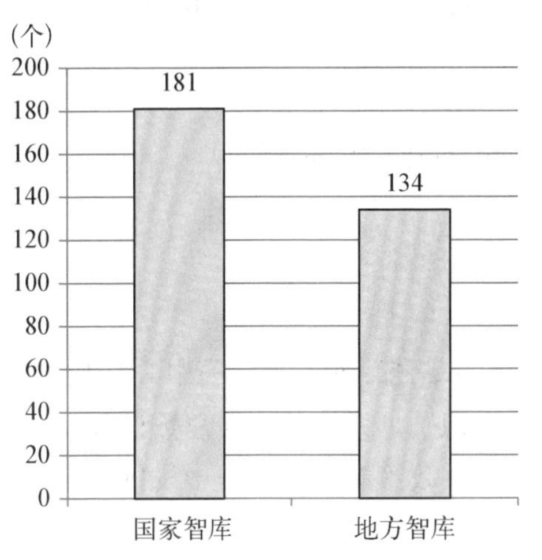

图 2-3　高校智库中的国家智库与地方智库数量

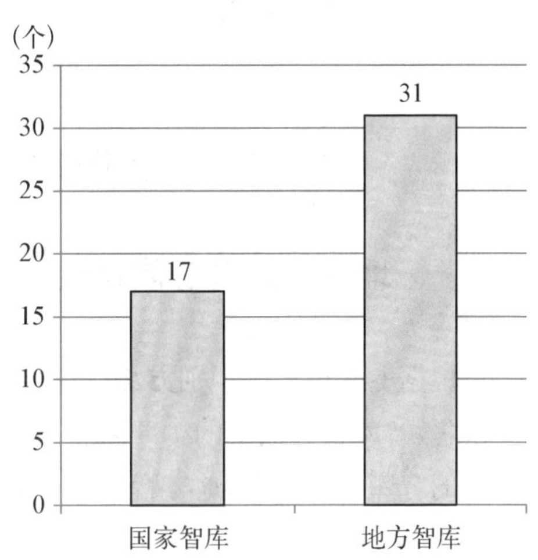

图 2-4　社会智库中的国家智库和地方智库数量

就社会智库而言，对于所有以各类社会组织形式登记注册的智库，本项研究会根据是否在民政部等中央政府机关登记作为识别是否为国家智库的标准，如在地方民政机构等注册的社会组织则识别为地方智库。由之，我们识别出国家性的社会智库 17 家，地方性的社会智库 31 家。当然，我们依然思考了研究议题是否可以作为识别的标准。如果以研究议题作为标准，则地方性的社会智库中确实有一些智库以国家性的议题为研究对象，比如注册在河北的察哈尔智库，其关注领域主要为外交战略。但是这些地方智库，一方面不直接受党和中央政府机构领导，其研究具有一定自发性，另一方面也很难确定这些智库的研究是否具有稳定性，即它们是否会持续关注国家性的议题。一些社会智库由于领军人物或者主要专家离开而发生研究侧重点转向，这种情况也是经常出现的。

我们在对各类智库进行识别的过程中发现，根据行政隶属关系和登记注册方式区分国家智库和地方智库是较为简易的方法。但是，这种方法也存在一些不足，因为这样进行识别所得出的结果，确实与智库的研究兴趣聚焦在国家性议题还是地方性议题并非完全匹配。然而，将智库研究的领域纳入识别标准，则可能带来更大的麻烦，比如智库研究领域的复杂性、智库研究兴趣的稳定性会使识别结果更具争议。此外我们考虑到，行政隶属关系以及机构在管理上的从属关系，更能揭示出智库在研究中获取各类智库资源的情况。所以本书最终确立以行政隶属关系或机构管理的从属关系对地方智库进行识别。

第二节　我国地方智库的基本情况

一、地方智库的总体数量

根据上文论述的识别方法，我们对上海社会科学院智库研究中心《中国智库报告》智库备选池中的796家智库进行了识别。无论从智库总数还是从体制内的智库数量来看，地方智库都在我国公共政策制定的过程中发挥了重要

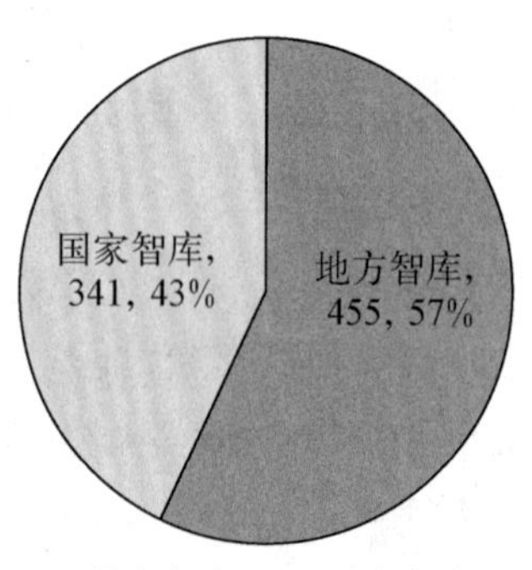

图2-5　国家智库与地方智库的数量及其占比

作用。从智库总量看，我国的国家智库 341 家，地方智库 455 家，地方智库占全国智库总数的 57%。

二、地方智库的基本构成

如果把所有隶属于政府机关的事业单位智库视为属于党和政府领导和管理的体制内智库，即把中央和地方党政智库、中央和地方科研院所智库、军队智库、高校智库视为体制内智库，则体制内智库属于国家智库的数量为 309 家，地方智库为 373 家。

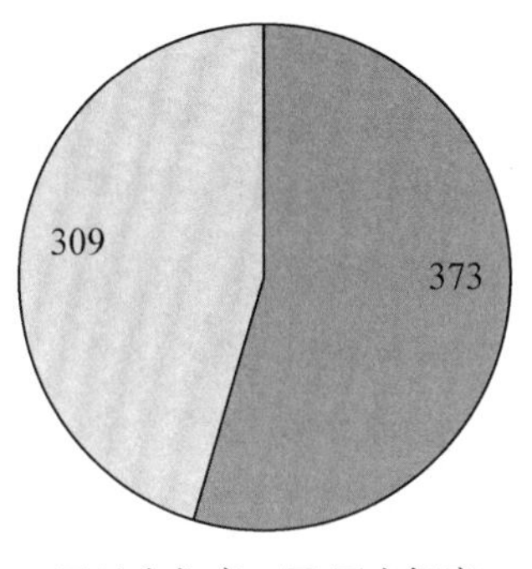

图 2－6　体制内智库中的国家智库与地方智库数量

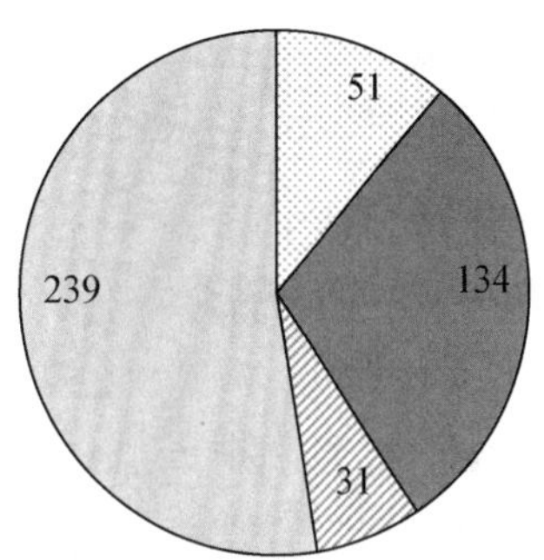

图 2－7　地方智库的构成

根据智库分类，455 家地方智库中，地方党政及科研院所智库 239 家，高校智库 134 家，企业智库 51 家，社会智库 31 家。

三、地方智库的地理分布

另外我们对地方智库和国家智库的地理分布进行了分析。上海、北京、广东的地方智库数量在全国地方智库中位列前三位，这意味着经济发达地区，地方智库的数量相对较多，地方智库在地方发展中起到了重要的作用。值得注意的是，西南地区地方智库位列地方智库数量前列，云南拥有地方智库 32 家，广西拥有 28 家。近年来西南地区智库发展成为热点，本书也将专门讨论这一现象。

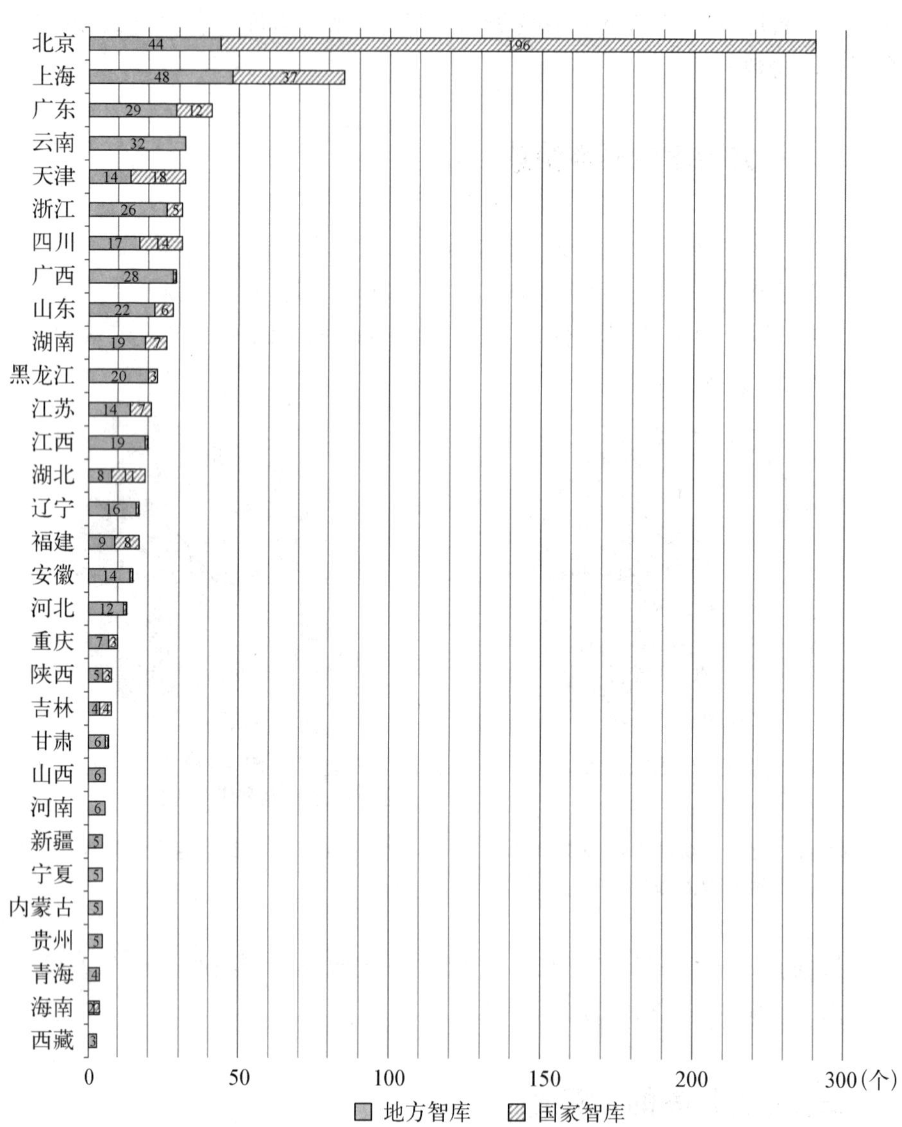

图 2-8 国家智库与地方智库在各省份的分布

第三节 地方智库的历史发展

笔者通过数据爬虫工具对上海社会科学院《中国智库报告》智库备选池中

的 796 家智库的相关信息进行了收集。在成立时间这一项，455 家地方智库中有 92 家智库未查询到成立时间。可查询到成立时间的地方智库共计 363 家，其中地方党政智库 155 家、地方社科院智库 46 家、高校智库 87 家、企业智库 48 家、社会智库 27 家。

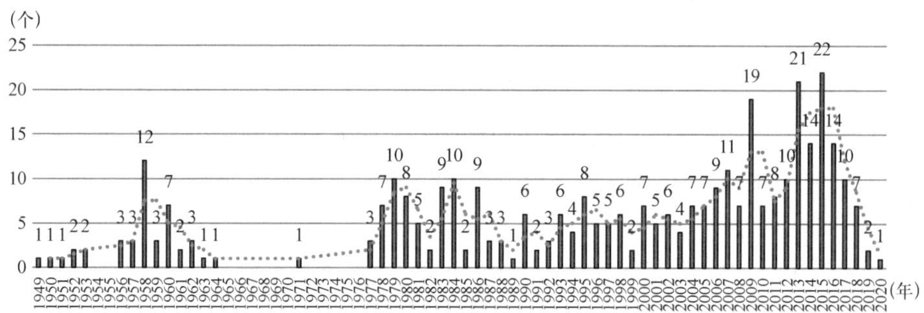

图 2－9　1949 年以来地方智库成立情况

在 363 家可查询到成立时间的地方智库中，有两家机构成立于 1949 年以前，分别是贵州科学院与广西壮族自治区农业科学院，这两家机构均成立于 1935 年，成立之初是理工类和农业类研究机构，并不具备决策咨询等智库功能。总结来看，1949 年以后，我国地方智库发展主要可以分为三个时期。

一、1949—1978 年：准智库发展时期

在 363 家地方智库中，自中华人民共和国成立到党的十一届三中全会以前成立的智库共 53 家，其中地方党政智库 31 家，地方社科院智库 22 家。在 1966 年以前成立的地方智库共 42 家，这些智库主要承担地方政府的决策咨询和社会问题研究等工作，地方社科院也就所在地方的发展进行社会学科方面的理论研究。云南省科学技术情报研究院成立于 1971 年，主要从事科技类信息收集分析。1977—1978 年成立的地方智库研究机构共 10 家，其中地方党政智库 4 家，地方社科院智库 6 家。

值得注意的是，虽然有 53 家智库机构确认自己的成立时间在 1978 年以前，但在这 53 家智库之外，仍有许多智库机构的前身成立于 1978 年甚至 1949 年以前。这反映了我国智库发展的一个特点，即在严格意义上，1978 年以前真正从事决策咨询研究且具有今天智库性质的机构并不多，我们将这一时期

成立的智库称为“准智库”或“类智库”。这一时期成立的地方智库机构主要有三类，一是地方党校，二是地方社会科学院，三是其他党政研究机构。中华人民共和国成立以来，新的地方行政管理体系在各地建立起来，我们党需要进行组织干部人事队伍建设，于是大量的地方党校于这一时期成立。但是许多地方党校并不具有决策咨询功能，其作用仅在进行地方干部培训，因此其智库功能和作用也并不明显。许多地方社科院也在这一时期建立，其建立主要是参照苏联社会科学院发展模式，对所在地方的经济社会发展进行学科性的研究、调查工作。无论是地方党校还是地方社会科学院，并不具备今天严格意义上的智库属性，尽管它们同时也为地方政府机构提供决策咨询服务，但是这并不是其主要职能。

需要注意的是地方党政智库。这一时期建立的地方党政智库并不多。这里，试举两个案例来说明这一时期地方党政智库的特点。一是上海市城市规划设计研究院，该研究院正式成立于 1957 年，主要承担上海市政府下达的指令性规划编制任务。城市规划设计属于硬科学研究范畴，具有较强的科技专业性，因此政府机构委托政府以外的专业性机构进行相关研究。二是四川省教育科学研究院，它成立于 1952 年，成立之初为四川省教育厅中小学调查研究室；1956 年，改为教学研究室；此后，又于 1973 年、1977 年、1981 年分别变更为中小学教材编写处、教材编写与教学研究室、四川省中小学教学研究室。1952 年成立时，该机构是隶属于政府机关内部的处室，主要功能是进行调查研究，配合四川省教育厅的普教政策进行教材编写等工作，到 1983 年，该机构具备了独立事业单位属性。严格意义上说，这家单位作为独立研究机构，并非成立于改革开放以后。

这两个案例从某些方面说明了这一时期政府进行决策的特点，即政府一般独立进行公共政策决策。对于设计工程等专业领域的公共政策，政府才需要依靠政府机构以外的研究力量，在公共政策制定已经基本完成的情况下，对政策进行具体落实。而对于一般经济、社会、政治、文化、生态等方面的公共政策，通常由政府机构内部进行制定。

1977 至 1978 年，随着“文化大革命”的结束，我国科教事业逐步恢复正常。这一时期为了配合国家经济社会运行正常有序地开展，我国新成立了一些地方社会科学研究院。此外，一些政府机构也开始在政府机关以外设立研究类事业单位进行辅助公共政策制定的决策咨询研究。比如云南省宏观经济研究院成立于 1978 年，主要协助当时的云南省计委进行宏观经济和地方区域经济研究及政策制定。研究发现，在党的十一届三中全会以前，已经有一些智库功能较为突出的机构成立。

二、1979—2012 年：智库发展起步期

薛澜(2009)曾经把改革开放以后到 21 世纪前十年的智库发展分为两个阶段，一是 1978 年前后到 20 世纪 80 年代末，二是从邓小平南方谈话到 2009 年。他指出，前一阶段智库的产生主要为经济体制改革服务，而后一阶段的主要发展特征为民间智库开始兴起。从地方智库发展来看，后一阶段似乎更应该以 2000 年为界。

1979—2012 年，据可获得成立时间的智库机构资料可知，有 216 家机构成立于这 33 年时间中，平均每年成立 6.55 家智库。216 家智库中地方党政智库 107 家，地方社科院智库 22 家，地方高校智库 38 家，企业智库 35 家，社会智库 14 家。

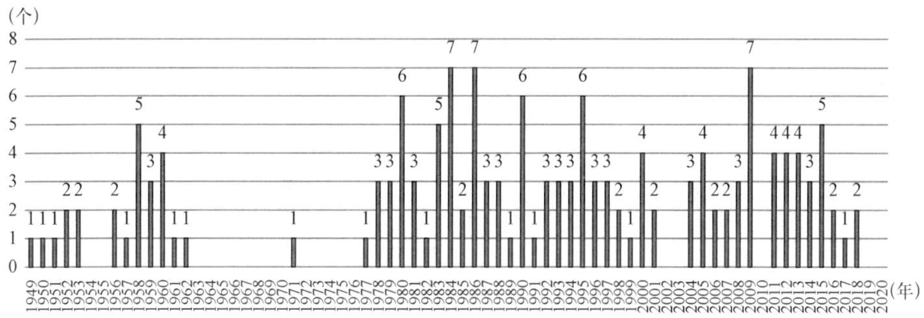

图 2-10　1949 年以来地方党政智库成立情况

我们分类型研究了 1978 年以后各类地方智库成立的情况。地方党政智库成立于 1978—2020 年间的 42 年中，相对较为均衡。这与我国改革开放稳步发展的态势是匹配的，随着我国经济社会发展的有序进行，各区域发展也有序进行，在发展中面对的问题也逐步增多。因此政府逐步将原来在政府机关内部进行的公共政策决策活动拓展到政府机关外部，通过成立一系列地方党政智库，进行决策咨询工作，辅助政府完成公共政策制定。同时地方党政智库的成立是稳步推进的，这说明我国的渐进式改革是逐步铺开的，面对的改革问题也逐步增多，因此地方政府逐步设立相应的专业智库机构应对随之出现的经济社会发展问题。

改革开放以后，各省份都建立或恢复了社会科学院（简称“社科院”），之后一些省份在部分地市成立了社科院。比如 2008 年，成立于 1979 年的成都市社会科学研究所改名为成都市社科院，成都市社科院主要服务成都市委、市政府进行决策研究，为成都市经济社会发展服务，该机构主要进行应用对策研究，兼顾基础理论研究。这一时期，较晚成立的地方社科院，特别是地市级别的社科院更注重决策咨询研究，而在改革开放初期成立的地方社科院，则主要针对当地经济社会文化发展进行偏重理论的研究。

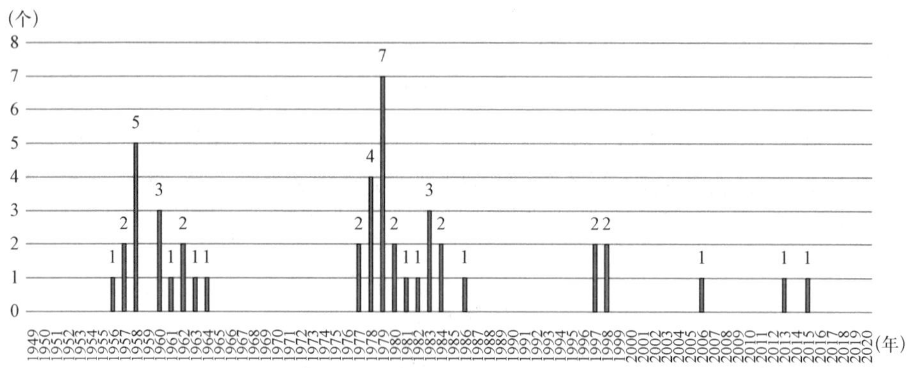

图 2-11 1949 年以来地方社会科学院成立情况

另外，2000 年以前成立的地方智库主要为地方党政智库和地方社科院智库，而 2000 年及以后高校智库、企业智库成立数量开始增多。

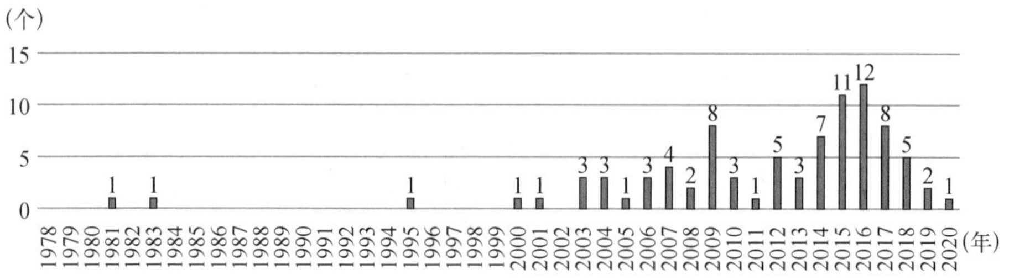

图 2-12 1978 年以来高校智库成立情况

1979—2012 年间，地方高校智库共成立 38 家。2000 年以前地方高校智库仅成立 3 家，其余均为 2000 年以后成立。2000 年以后地方高校智库增多取决于两方面原因。从政府角度看，2000 年以后，随着我国加入世界贸易组织，地方经济社会发展速度加快，地方政府在经济社会发展中面临的新问题也增多，地方政府亟须获得决策咨询方面的帮助，在自行培养决策咨询机构和人才较难获得的情况下，地方政府要求地方所属高校迅速从高教功能转型，为地方政府提供决策咨询服务。另外，从学术界角度看，2000 年以后我国学术界开始更多关注并从事智库或思想库研究，在这一思潮影响下，高校开始探索功能延伸，逐步向智库方向发展。

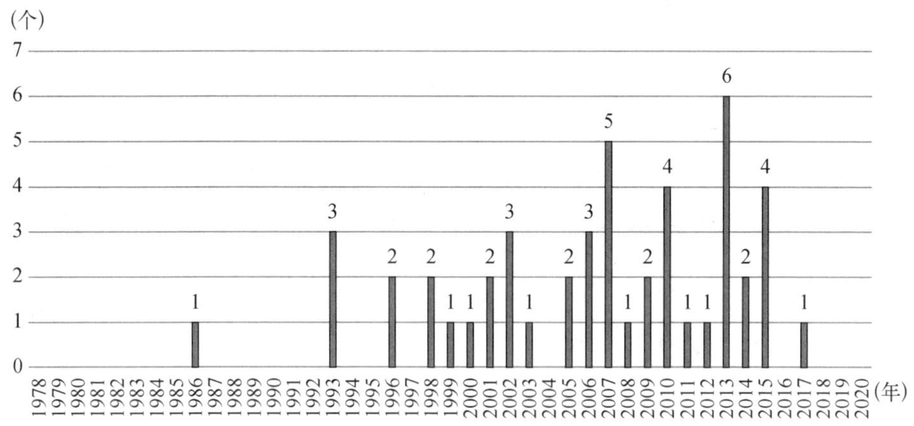

图 2－13　1978 年以来企业智库成立情况

企业智库中有 35 家成立于 1979—2012 年，其中 2000 年以前成立企业智库 9 家，2000—2012 年间成立企业智库 26 家。企业智库的出现与我国经济体制改革关系密切，地方企业智库与全国企业智库最大的区别是，地方企业智库可以视为中国智库发展的一个参照。与国家的企业智库不同，大量地方企业智库成立的目的是源于中国智库市场的发展，它们主要服务于各级地方政府，主营业务也与决策咨询活动相关。这类智库的代表有安邦智库、福卡智库、前滩综研院等。当然，地方大型企业也会下设以决策咨询为经营范围的子公司，通过智库研究，在公共政策制定过程中为企业发声，同时通过政策研究也为企业发展寻找准确定位。比如阿里研究院，成立于 2007 年，它并非独立注册的研究机构，而是内设于互联网企业，类似于企业的一个部门。阿里研究院是第一家由互联网企业在企业内部设立的智库型研究机构，参与和推动了电子商务、数字经济的发展，特别是在数字经济以及数字治理相关问题上，其研究取得了许多成果，也具有较强影响力。又比如腾讯研究院，它也设置于腾讯公司内部，其研究瞄准未来科技发展中的科创、产业、社会乃至思想哲学等领域，由于得到了腾讯公司的多元产品和海量数据支撑，腾讯研究院可以围绕互联网法律、公共政策、互联网经济、大数据等内容，与各类机构合作，推出其选题敏锐、立场鲜明的互联网产业报告。

1979—2012年是我国地方智库发展的起步阶段，这一时期地方智库的发展总体来看受到三个方面因素的影响。一是公共政策制定过程的分工细化催生了智库发展。由于经济社会发展，公共政策需要面对的问题日益增多，且愈发复杂，改革开放以前的体制和行政运行难以适应这一局面，公共政策制定需要更加专业、科学的指导，因此在政府机关之外建立隶属于政府的决策咨询单位，成为公共政策制定过程分工愈加细密的结果。二是企业、高校等机构希望参与到公共政策制定过程中。随着经济发展，大型的地方国有企业和民营企业希望能将自身在工作中遇到的问题及时反映出来，同时希望获得更加适宜的公共政策环境，因此设立相应的智库机构参与公共政策制定成为一种趋势，地方性高校则积极谋求将理论专长转化为应用性知识，使理论能更好地为政府、社会、公众服务。三是行政体制改革助力智库发展。随着我国行政体制改革的推进，政府不断推出在购买服务、政府信息公开等方面的举措，这有助于体制外的地方智库参与到政府公共政策的制定过程中，并进行智库方面的科学研究工作。

三、2013年至今：中国特色社会主义新智库建设下的地方智库大发展

党的十八大以来，党中央对我国智库发展非常重视。十八届三中全会通过的《中共中央关于全面深化改革若干重大问题的决定》指出“加强中国特色新型智库建设，建立健全决策咨询制度”。2015年1月20日，中共中央办公厅、国务院办公厅印发了《关于加强中国特色新型智库建设的意见》，随后我国的中国特色社会主义新智库建设展开，地方智库发展迎来了新的一页。

2013年以来，我国地方智库的发展体现在以下三个方面：一是国家传统决策咨询机构以外的地方性高校智库、企业智库、社会智库得到了快速发展。二是地方智库在决策咨询研究中的独立性、客观性、科学性意识得到加强。三是地方智库在国家治理体系中的意义得到凸显。

首先，高校智库、企业智库、社会智库积极参与到智库建设的大潮中。2013年至2020年，地方高校智库成立49家，企业智库成立13家，社会智

库成立 11 家。相比于其他历史时期，三类智库年均成立数量都有大幅增加。

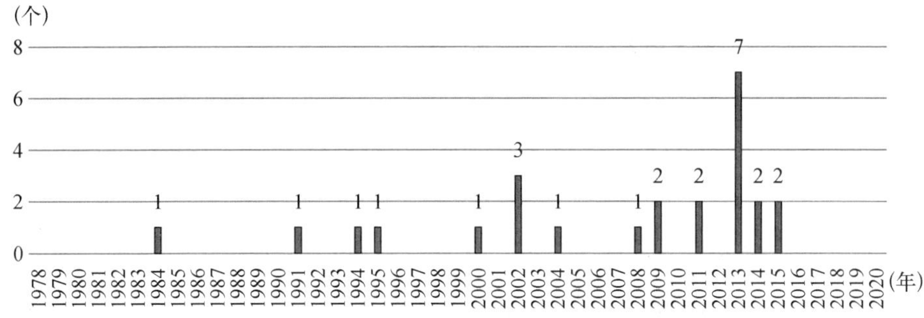

图 2-14 1978 年以来社会智库成立情况

其次，地方智库在参与智库研究过程中希望确立自身的独立性和客观性。这表现在一批社会智库的出现，它们以民办非营利组织的面貌示人，以凸显自身不以经济利益为导向的目标，希望提供更客观和科学的决策咨询建议。

最后，地方智库逐步发挥其特点，参与到国家治理现代化的进程中。较为优秀的地方智库，对国家战略较为熟悉，了解自己所处区域在国家战略中的地位，同时也能发挥自身了解基层的优势，将二者相结合，使地方智库在国家治理体系和治理能力现代化中的功能和作用得到凸显。

第三章　区域视角下的地方智库

在国家治理体系和治理能力现代化的过程中，地方智库体现出多重价值。一方面，它通过研究把国家战略与地方发展衔接在一起，促进地方在经济、社会、政治、文化、生态等方面的健康发展，又把地方改革实践经验传递给更高层的治理单位、国家智库乃至中央决策层，使国家战略的制定具备精准性；另一方面，地方智库运用社会科学知识、科技手段等提升了地方改革发展过程中公共政策制定的科学性，增强了地方发展的效率。可以说，地方智库的发展是促进我国地方长期有序健康发展的保障。

近年来，地方智库在区域发展中扮演了越来越重要的角色。一些地区快速发展的背后，地方智库也集团式地茁壮成长起来。因此我们也有必要从中观层面把握地方智库的发展，研究地方智库迅速崛起的外部因素和内部条件，也就是地方智库发展的政策环境，以及地方智库是如何通过加强自身的功能建设带动区域发展的。随着我国经济社会发展进入新阶段，地区间发展分化的现象也逐步出现。沿海地区经济高速发展的势头逐步减弱为中高速增长，而西部地区特别是西南地区，原先发展较为滞后，但近年来逐步显现出较强的发展态势。与此同时，这些地区的智库建设也受到更多的关注，发展也渐趋活跃。在地方智库的发展政策上，当地政府制定了长期的智库发展规划，为智库发展指明方向的同时，也使智库成长趋向健康有序。在地方智库集团式发展方面，通过智库联盟等形式使地方智库逐步产生集团效应和规模效应，在分工上也趋于细化。

第一节　新时代地方智库作用日趋重要

我们已经阐明，改革开放以后，地方智库发展是中国智库发展的重要生力军。一方面，中国改革开放的行政逻辑是，中央的顶层设计与地方或者基层摸石头过河同时进行，并由此而形成一种双重互动关系。在响应中央顶层设计的过程中，为了落实具体的公共政策，中国的地方政府，包括省、地级市、县、乡镇政府必须根据自身的实际情况，制定可操作、可执行的政策细则，地方智库必须为地方政府的决策提供必要的思想研究支撑。另一方面，随着改革开放的深化，地方政府在公共服务供给上的作用日益突出，经济社会的发展，也使得人民群众对于享受公共服务有了进一步的要求。在经济、社会、政治、文化、生态各个领域，地方政府都必须提升公共服务的质量，拓展公共服务的内容。如何有效提供多样化、多层次的公共服务，随之成为地方智库需要研究的问题。此外，随着我国发展朝着城市化、工业化、信息化方向推进，一些新的公共领域也不断出现，为之提供不同的公共服务也成为智库研究的新问题。换言之，正是对智库研究需求的提升，引发地方智库重要性的增加。

一、地方改革实践促使地方智库不断发展

中国改革开放最先从经济领域启动，经济领域的改革开放必然推动行政体制的改革，而国家治理体系和治理能力的现代化又必然是在行政体制改革进行到一定程度之后才能逐步展开。可以说国家治理的现代化建设既是中国行政体制改革的成果，又是中国行政体制改革在更高层次上的深化和延续。而在改革开放的进程中，为了发挥全国各个地方和基层的力量，必然要推动中央的顶层设计和地方摸石头过河的同步进行。基层的改革实践为中央顶层设计提供了诸多的实际案例，为中央顶层设计或者中央层面的公共政策制定提供了科学、客观、正确的保障，而中央的顶层设计则重在把握改革开放的大方向，确保改革的顺利进行。地方智库在这一过程中，既要落实中央顶层设计，又要使有关改革的公共政策成为地方可操作、可执行的具体细则，确保顶层设计落实成为切实的改革成果。

在地方智库发展中，许多智库就发挥了这样的作用。比如 20 世纪 90 年代初进行的浦东开发开放。这个政策是中央根据当时我国改革开放的实际情况做出的重要部署，但是对于改革的具体布局，浦东的具体开发模式乃至产业如何发展，国家项目与上海地方项目如何形成有机整体等具体问题，中央都需要上海的地方智库开展研究。以上海社会科学院为代表的一批上海地方智库，在浦东开发开放、长三角区域一体化、上海世博会等一系列议题的研究中，

均发挥了重要作用,从战略研究到具体实施等方面开展了多层次的研究,取得了丰硕的智库研究成果。

因此,我们可以说,地方智库的发展是我国改革开放发展的一个重要标志,也是我国改革开放的成果之一。

二、城市新型公共空间的出现与地方智库的发展

随着我国经济、社会、文化、政治、生态的全方位发展,特别是我国在城市化、工业化、信息化方面步伐的加快,为了实现资源的有效配置,使生产、生活、生态资源有效导入,一些新的公共领域逐步出现。比如工业园区、产业园区就是这些新型公共领域的代表。与传统公共空间相比,这些新型公共空间往往配有不同的公共服务。比如,科技产业园区中,必须有更为先进的园区产业配套服务,而这些园区内的企业员工,往往具有高学历、高素质的特点,也必须给予他们更加高质量的公共服务。这些公共服务需求的开发与落地,往往需要地方智库进行高效且多样的产业园区规划,解决围绕产业园区发展而出现的一系列问题。比如上海张江地区,作为国家级的自主创新示范区,它就有着与传统的公共区域不同的公共服务、公共设施需求。而在张江发展的过程中,引人注目的一项创新工作是确立了新型智库发展,使得整个园区的发展具备了智力保障。比如,张江平台经济研究院就为园区内医药企业的发展提供了智库研究,为医药行业发展的外部制度环境建设做出了来自智库的努力。

可以说,在我国社会主义现代化进程中,地方智库为地方发展中出现的新问题、新情况、新趋势贡献着自身的研究力量,地方社会经济发展成为地方智库崛起的最重要动因。

三、地方智库发展的区域特色

在中国地方智库的发展中,不同区域的地方智库都具有自身的发展特色。原因可概括为如下三个方面。第一,在不同地方的经济、社会、文化、政治、生态发展中会出现不同的问题,这些问题是由于不同区域的发展特点导致的,这就为智库研究提出了不同的研究议题和研究领域。第二,不同地区智库发展的禀赋条件不一样。比如在北京,由于地方发展的智力资源较多,高校、科研院所众多,使得北京地方智库的发展具有得天独厚的智识条件。而在广东等

沿海地区，经济发展的情况较好，智库发展所需的资金条件又成为一种优势。第三，不同地区的地方智库发展形成了不同的发展模式，包括智库内部的发展模式以及智库之间的联盟形式，这也构成了智库发展的区域特色。

下文我们将展示北京、上海、广东、广西等地智库发展的区域特色。

第二节　北京智库：地方智库的高质量发展

北京是中国智库发展较早且发展程度较高的地区。这是因为北京智库的资源较为丰富，政府决策对智库研究的需求较大，同时随着多年的发展，北京智库数量多，研究能力强，形成了自身鲜明的发展特色。但也正是因为这些特点，以北京智库为研究对象开展地方智库研究反而会遇到许多问题，在基本的识别问题上就会遇到许多争议。

一、北京地方智库的发展概况

改革开放以后，北京市地方智库就发展起来了。1978 年，北京市社会科学院成立，1984 年，北京市科学技术研究院、北京城市发展研究院、北京市经济与社会发展研究院等成立。这些早期的地方智库，分别是社会科学院智库和北京市地方党政智库，其成立本身就是我国传统行政体制应对改革开放后北京经济社会发展的一种反映。随着经济社会发展，传统行政管理体制内部

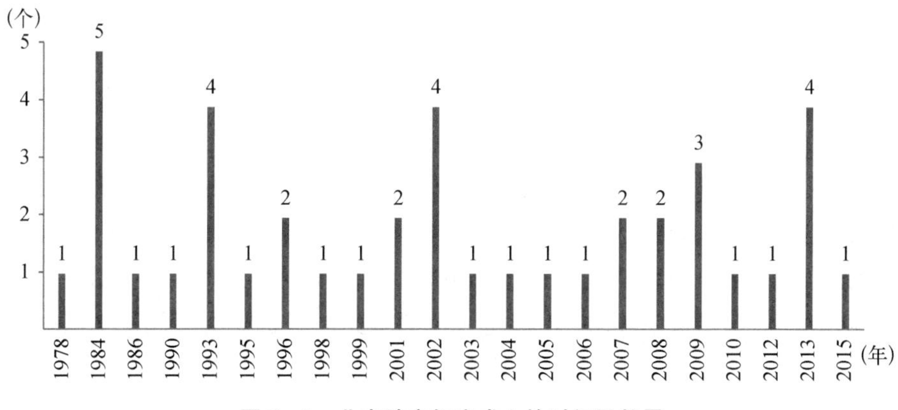

图 3-1　北京地方智库成立的时间及数量

公共政策制定的分工开始细化，公共政策制定的流程增加，环节增多，在这种情况下，服务于政府决策的咨询和研究机构应运而生。北京市社会科学院在成立之初名为北京市社会科学研究所，1986 年改名为北京市社科院，从“研究所”到“科学院”，命名的变化，也反映出该机构研究对象的增加、研究能力的增强以及科研人才的增多。北京城市发展研究院主要是为了应对改革开放以后北京城市的发展而成立的。随着北京城市的发展，研究院的研究对象也逐步拓展到全国中小城市的发展，其研究内容也囊括了从城市规划到产业发展、区域战略、文化旅游、城市新能源、城市生态，乃至乡村振兴、碳排放、健康产业等不同的领域。20 世纪 90 年代以后，为适应社会主义市场经济的发展，一批更贴近经济社会发展的智库应运而生，智库市场化运行的程度也开始提高。比如“经济 50 人论坛”，成立于 1998 年，是一家非官方、公益性的智库机构。该智库建立的宗旨是为中国经济发展与改革等重大问题献计献策。智库定位于国内外重大经济政策方面的研究，力图收集各个领域专家对中国经济发展、改革中的问题及对策的研究成果，为中国经济改革及各行业、各地区经济的发展献计献策。[①] 从“经济 50 人论坛”的发展看，随着 20 世纪 90 年代社会主义市场化方针的提出，一批专业学者积极将自身的理论知识转化为对公共政策制定有益的智库成果，为社会主义市场经济的发展起到了很强的推动作用。尽管在当时人们并没有意识到这是一种智库的发展，但是它的成立实际上对推动专业知识在公共政策制定方面起到了推波助澜的作用。进入 21 世纪，随着我国加入 WTO 以及社会主义市场经济改革的进一步深化，一批有影响力的智库逐步产生，其中的代表包括成立于 2004 年的方迪经济发展研究院、成立于 2008 年的全球化智库、成立于 2009 年的北京市信访矛盾分析研究中心等。

北京智库的发展本身体现了智库发展的复杂性。由于北京市在我国国家发展中的重要地位，我们会发现许多北京地方智库的地方性并不鲜明。比如全球化智库(Center for China and Globalization, CCG)，虽然是注册在北京的一家社会智库，从这个意义上应当属于地方智库，但是全球化智库研究的议题却较少涉及北京地方发展，而主要从事“全球化、国际关系、全球治理，国际经贸与投资，国际移民、人才与企业全球化、中美关系与中美经贸、‘一带一路’、智库发展等领域的研究”。[②] 全球化智库的研究成果也主要为国家党政机构

① “经济 50 人论坛”秘书处，http://www.50forum.org.cn/home/article/jianjie.html。

② 参见全球化智库官网，http://www.ccg.org.cn/overview。

提供决策咨询服务，许多政策建议甚至获得中央领导批示。又比如赛迪研究院（即中国电子信息产业发展研究院），从注册性质看，它是注册在北京的一家企业，但是实际上它直属于工业和信息化部，甚至还拥有香港主板上市企业赛迪顾问（股票代码：HK02176）及赛迪传媒、赛迪会展、赛迪时代、赛迪科工、赛迪数通等20余家全资或控股企业。[①] 从服务对象看，赛迪研究院为国家20余个部委、500余个地方政府、5 000余个行业企业提供过决策及咨询服务。由此观之，从注册性质和主管部门识别地方智库，会对研究北京地方智库带来不小的挑战，但这恰恰反映了北京地方智库发展的某种特点。北京的许多地方智库实际上已经打破了智库发展的区域性限制。由于北京是国家的行政中心，许多智库可以有效利用国家的智库发展资源，并且填补国家对智库发展的需要，因此在研究议题、研究内容、研究成果上已经不再具备明显的地方特色了。但这并不影响位于北京的智库具有地方属性，许多地处北京的国家级智库也同样对北京及周边区域发展进行研究。可以说，北京地方智库最大的特色是积极融入国家发展，这也成为北京地方智库发展的动因。

二、优越的发展环境

北京地方智库借助北京的首都功能，获得了我国其他地方智库发展所难以获得的发展条件。首都在国家发展中的重要地位，决定了北京地方智库能获得更为优越的智库发展要素。由于国家党政机关众多，北京地方智库能及时获取最新的智库需求，在研究上具有一定的灵敏度。基于此，北京地方智库往往能取得高质量的智库研究成果，同时在智库发展中进行一些可操作的体制机制创新。

北京作为首都，在文化教育发展上具有极强的优势，高校、科研院所众多，这本身就为智库发展提供了丰富的学术资源和人才要素。比如在全球化智库的学术委员会专家名单中，包括陈十一、陈文玲、陈志武、崔占峰、丁学良、董克用、冯达旋、葛剑雄、桂昭明、海闻等一大批知名专家。[②] 这些专家几乎都是国家级的，其中也不乏国际知名的学者，几乎都拥有丰富的行政管理和决策咨询经验。北京城市发展研究院的专家委员会团队也包括了众多前政府公职人员

① 参见赛迪研究院官网，https://www.ccidgroup.com/gk/yjj.htm。

② 参见全球化智库官网，http://www.ccg.org.cn/overview。

以及知名专家，这些专家或顾问，本身对于决策咨询工作就有丰富的经验与体会。他们熟悉学术研究的规律，了解公共政策决策的流程，同时在公共政策制定和研究领域有着丰富的人事网络资源。北京地方智库作为智库平台，可以很容易地将这些专家学者资源加以吸纳，并为自己的发展研究提供帮助。

另外，由于北京高校众多，为智库发展同时提供了可靠的人才资源。比如，全球化智库的专业研究团队达到百余人，研究人员多来自哈佛大学、哥伦比亚大学、牛津大学、曼彻斯特大学、清华大学、北京大学等国内外高校，博士占比为37%，双硕士和硕士占比分别为9%和54%。① 在丰富的人才资源支撑下，全球化智库还在广州、青岛、深圳/东莞成立了三个研究院，在上海、深圳、成都分别设立了上海分会、深圳分会和成都分会。赛迪研究院（中国电子信息产业发展研究院）在职员工 2 500 余人，平均年龄 34 岁，硕博士占比51.4%，有 8 名国务院特殊津贴专家、1 名俄罗斯自然科学院外籍院士。②

三、智库发展的专业化

尽管北京地方智库发展的要素资源丰富，也能及时了解公共政策制定的需求信息，但是相对而言，北京地方智库的竞争也十分激烈。然而，这种激烈的竞争对于智库发展是有利的，能够促使智库研究的专业化。我们的研究发现，智库必须根据自身发展的优劣势，进行合理定位，选择适合的研究领域，才能走出自身发展的特色。在北京地方智库发展中，我们就看到，像北京市信访矛盾分析研究中心这样的智库，从它的发展中，我们能体会到现代智库发展的专业化以及智库研究领域的细分化趋势。

北京市信访矛盾分析研究中心是北京市信访局的下属机构，成立于 2009 年。从机构名称我们可以看出，这家智库的研究对象是信访制度。我国智库中很少能找出一家以如此具体的现实问题为研究对象的研究机构。事实上，信访制度在 20 世纪 50 年代初就已经在我国建立起来，它是我们党和政府联系群众的一个重要制度手段，在信访制度背后涉及众多学科，包括经济、政治、法律、社会等，信访制度也是我国人民民主的一种重要制度。但是在北京市信

---

① 上海社会科学院智库研究中心. 思想的力量——中国智库案例集萃[M]. 上海：上海人民出版社，2019：157.

② 参见赛迪研究院官网，https://www.ccidgroup.com/gk/yjj.htm。

访矛盾分析研究中心成立之前，并没有任何高校、研究机构以信访制度为对象，分析研究其背后的问题，并将之作为一个特定的研究领域加以对待。

表面上看，信访研究是一个跨学科的研究，它横跨政治学、公共管理学、社会学、法学、心理学等多个学科，信访工作也涉及包括公共服务、法治建设、权益保障和社会心理等各个领域。[①] 跨学科也是智库研究的特点，它可以将学术理论转化为现实的应用性研究，而应用性研究不仅是决策咨询的特点，它本身也是一种理论。北京市信访矛盾分析研究中心采用多层次的研究方法，包括文献研究、田野调查、个案研究、比较研究等，根据信访部门的工作流程，建立了对应的研究结构和研究体系，并专门分析了信访各个部门之间的工作信息和数据，力图围绕信访建立一整套知识体系。这种研究极其贴近政府工作的实务层面，并且也在不断的研究深化中形成了符合信访工作特点的研究模式。该研究中心梳理出“对策研究”“专项研究”“政策研究”和“战略储备性研究”等信访研究类别，涵盖了公共政策制定的各个层面，包括中长期政策、短期政策以及应急性政策等。其研究也不再等同于学术性的知识研究，它需要有信访工作经验的人员对于问题的界定、议题的范围给出明确说明，同时采取有针对性的方法。在研究管理上，研究中心还制定了进度安排，并集合多方力量，推动智库研究。在研究初期进行课题立项会议，持续组织专家进行专题讨论，并机动性地召开头脑风暴会议，推动新观点、新方法、新视角的提出。

除了传统学术的应用性转化以外，北京市信访矛盾分析研究中心还积极利用现代科技创新拓展研究手段。首先，利用多媒体技术拓展信访研究。在创立之初，研究中心就建立了“信访数据资料采集与统合利用系统”，充分利用现代多媒体技术手段，收集和储存信访信息。该系统拥有 20 多个专业性数据库，其中比较具有特色的是极端行为时间数据库和群体性事件数据库，这为信访相关的极端和群体性事件发生的处置提供了可资借鉴的案例。其次，打造数据实验室。该中心与中国政法大学合作，建立“信访数据实验室”，通过大数据手段辅助信访问题研究。在此基础上，研究中心推出了“社会矛盾指数研究”等智库科研产品，这就为信访相关的极端和群体事件处置，提供了预防性解决办法。再次，研究中心还进一步开发了“社会健康指数”，对社会矛盾、社会风险进行评估，对信访工作实践给出了实证、客观、科学的决策支撑。最后，

---

① 上海社会科学院智库研究中心. 思想的力量——中国智库案例集萃[M]. 上海：上海人民出版社，2019：20.

该中心还积极借鉴人工智能手段开发相关智库产品。比如“智慧信访”大数据分析平台，通过 AI 等分析手段，该平台对信访情况和形势可以进行实时监测、预判。

北京市信访矛盾分析研究中心在智库研究特色上体现了智库发展专业化的特征，这是智库发展现代化的必然结果，也是智库研究领域趋向细分化的体现。在某一个议题上，形成一整套相关知识，这是学术性知识应用水平提升的方向。北京市信访矛盾分析研究中心也为党和国家政府提供非常有价值的决策咨询服务，包括推动《信访法》立法等，这成为该研究中心极具影响力的智库研究成果。研究中心以“信访应该成为一门专业学科”为创新理念，体现了对智库知识的一种深入认识：智库不是推动理论知识的应用，而是推动一种社会知识的形成，使得一种公共性的学术知识能够真正发挥对社会的影响。

四、灵活的智库运营方式

一般来说，由于地方智库主要服务于地方或者区域发展，其影响力要逊于以国家党政智库为代表的国家智库。但是在北京地方智库的发展中，出现了一些智库，其发展产生了巨大的影响力和声望值，这是值得研究的问题。我们以其中的全球化智库为例，对这一现象进行探究。我们已经提及，虽然全球化智库是一家注册在北京的地方智库，但是其研究对象和研究内容主要是国家级的议题，甚至涉及许多国际议题。作为一家社会智库，全球化智库可以突破束缚，在智库运营上大量借鉴国际现代智库的经验进行智库创新，这成为其发展的重要特点。

与一般的社会智库不同，全球化智库获取智库发展资源的能力较强，其创始人曾长期在国家党政机关工作，对政府公共决策制定的流程、规范与方式非常熟悉，早年又曾在海外访学，具有丰富的国际交流经验，这为全球化智库的发展创新奠定了基础。与传统的党政智库、高校智库这些“体制内”智库不同，全球化智库在决策影响力上是存在不足的，因为社会智库游离于体制外，无法对党和政府的决策需求做出灵敏而迅速的反应。但是事实上全球化智库在决策影响力、学术影响力、国际影响力与社会影响力方面都有着不俗的表现。

全球化智库在国际影响力提升方面也有着丰富的经验。首先，全球化智库非常重视智库的国际推广。在成立之初，全球化智库就建立了其英文官方网站，向西方学者和网民推介自身的研究成果。除了英文官方网站以外，全球化智库还利用脸书、推特等国际社交媒体，推介自己的智库产品。其次，注重利用国际媒体宣传智库发展。全球化智库与多家国际知名媒体保持良好的合作关系，并且经常在《金融时报》《经济学人》《时代》以及联合国官方媒体推介全球化智库的观点，并积极地把对于国际议题的中国声音通过世界媒体加以推广。再次，全球化智库注重智库成果在世界的传播。把智库的学术研究成果通过在西方出版，推广智库在国际社会的影响力。比如全球化智库在国际知名出版社麦克米伦(Palgrave Macmillan)出版学术著作《当代中国的逆移民潮：回归、创业精神和中国经济》《走向全球：中国海外投资如何改造其商业企业》；在爱德华·埃尔加出版社(Edward Elgar)出版《从全球眼光看企业家精神和智慧管理》。通过这些著作的出版，全球化智库积极向国际社会介绍中国对许多智库议题的看法，同时也让世界了解中国。最后，推动国际知名政、商界人士访问全球化智库。全球化智库邀请一批世界知名的政、商界人士来该智库演讲和进行智库、学术成果交流，这些交流提高了全球化智库在世界顶级政、商界人士中的知名度。随着国际影响力的提升，全球化智库也积极参与涉外智库议题的研究中，其中最著名的案例是提交《关于成立国家移民局的建议》，引起了党和国家领导人的重视，并推动国家移民管理局于2018年成立。此外，全球化智库也积极参与国际交流，有学者认为全球化智库已经承担起国家二轨外交的职能。① 比如在2018年，全球化智库多次组织专家赴美，就中美经贸问题展开交流和调研，并与美国知名智库组织相关智库研讨会。

在社会影响力提升方面，全球化智库也做出了大量努力。全球化智库一直力图打造自身的“智库论坛”，持续举办“中国与全球化论坛”，并将之作为自身的品牌予以打造。在论坛举办过程中，全球化智库会推出自己设置的智库议题，不仅把论坛作为一种形式，更是要把自身的软实力加以推广，而智库议题设置的能力本身就体现了智库的影响力。除了“中国与全球化论坛”，全球化智库还举办其他一系列会议和论坛，在这个过程中加强与国内国际智库的交流，并从中扩大自身影响力。②

在决策影响力建设方面，全球化智库也坚持国际化的智库发展思路。通

---

① 上海社会科学院智库研究中心.思想的力量——中国智库案例集萃[M].上海：上海人民出版社，2019：149.

② 上海社会科学院智库研究中心.思想的力量——中国智库案例集萃[M].上海：上海人民出版社，2019：145-158.

过与国际移民组织合作，全球化智库联合发布智库产品，拓展自身在决策上的影响力。在这个过程中，全球化智库协助我国政府与国际移民组织加强沟通，反过来加强了自身在国内的决策影响力。全球化智库的创始人于2015年被聘为国务院参事，①因此全球化智库也参与了大量国家级智库的研究工作。

全球化智库走出了一条与众不同的地方智库发展之路，甚至其发展水平和能级已经超越了一般的地方智库。智库创始人、领军人物以及主要研究团队一直以国际化的理念发展智库，充分挖掘自身的国际交流能力，以此带动智库研究能力的提升，最后达到包括决策影响力在内的各类影响力的提升。这种地方社会智库的发展模式充分发挥了社会智库制度约束少，创新能力强的特点，特别是智库本身运用包括国际智库资源在内的各类智库发展要素的能力较强，在智库运营上进行了多层次的创新，也体现了北京地方智库发展独有的特点和模式。

五、总结

北京地方智库的发展机遇和挑战并存。北京作为首都，党和国家政府的行政资源集聚，智库较易获得其所需的发展要素，包括人才、资金、数据信息等。同时，由于北京在中国行政体制中的独特地位，使得位于北京的智库学术交流频繁，可以与各级政府部门建立紧密的工作关系，可以敏锐掌握国家对于智库研究的需求，围绕国家战略的实施和落地展开重大战略性问题研究，参与国家重大规划和政策制定。此外，位于北京的智库还方便借助国家级媒体、国家级学术交流活动拓展自身的影响力。

但是，北京智库的竞争也十分激烈，对于北京地方智库而言更是如此。在北京，国家级智库云集，高校智库中有北京大学“国家发展研究院”和“国际战略研究院”、清华大学“国情研究院”、中国人民大学“国家发展与战略研究院”。中国社会科学院、中共中央党校作为国家智库也具有极强的智库影响力。此外，包括国务院发展研究中心、商务部国际贸易经济合作研究院、中国宏观经济研究院等国家党政机关智库直接服务于相关国家部门。国家级智库相比于北京的地方智库更容易获得智库发展的要素资源，它们也代表了我国发展的软实力。因此北京的地方智库发展面临的竞争压力也是巨

① 参见全球化智库官方网站，http://www.ccg.org.cn/archives/54948。

大的。

总的来说,北京地方智库发展首先应立足于北京的区域发展需要。对于任何北京地方智库而言,需要厘清国家发展战略与北京地方发展之间的关系,只有这样才能明确自身的定位。我们看到像北京市信访矛盾分析研究中心这样的智库,在智库研究中找到了适合自身研究特色的细分研究领域,尽管自身在与国家智库的竞争中存在各种不足,但是通过深耕自身所熟悉的研究领域,也走出了一条具有特色的地方智库发展之路。同时,一些社会智库、企业智库,利用制度灵活的特点,积极整合智库发展的资源,也探索出了自身智库发展的模式,推动其智库影响力不断提升。

第三节　上海智库:服务国家战略与地方发展的统一

与北京一样,上海的城市软实力具有国家水准。北京的地方智库发展主要体现为智库发展资源丰富,这也与北京的城市文化底蕴有关。在这一方面,上海的智库发展略显逊色,比如在高校数量和研究机构数量上,上海都少于北京。但由于上海在我国改革开放中的地位,上海地方智库发展拥有了不同的发展契机。

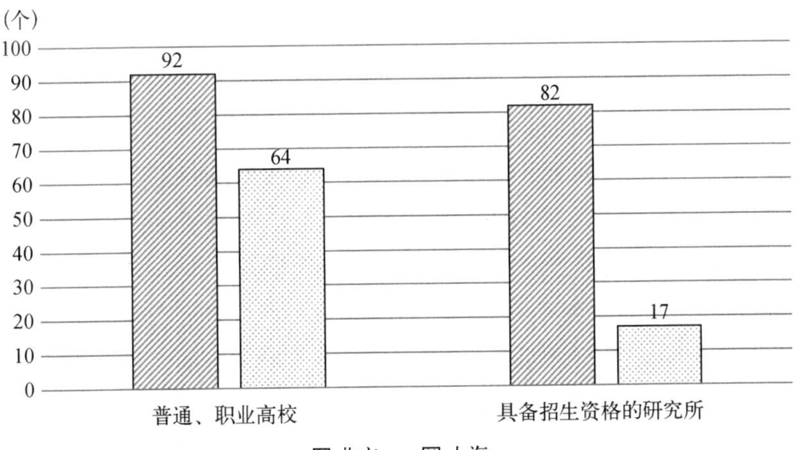

图 3-2　上海与北京高校数量和研究单位数量对比

在智库发展数量上，上海仅次于北京，拥有两家进入国家高端智库行列的智库。从本书的研究标准看，上海社科院应该是典型的地方智库，但是由于上海城市发展的独特性以及其对于国家发展的重要意义，加之上海社科院对于上海改革开放实践做出的巨大贡献，它本身也具有国家智库的研究能级与研究水准，也是首批入选国家高端智库的研究机构。更值得一提的是，上海也在全国范围内较早开展了智库研究，上海社科院智库研究中心的《中国智库报告》就是我国最早开展的智库评价研究，其持续时间也最悠久。

改革开放实践为上海的地方智库发展提供了丰富的研究议题，在智库研究领域，上海地方智库也涌现出一批优秀的智库研究领军人物和研究团队。另外，智库研究新方法、新技术、新理念的运用，使得上海地方智库发展在中国新型智库建设中独树一帜。

一、政府在智库建设中发挥积极作用

（一）上海市主要领导重视智库建设

李强同志担任上海市委书记期间，非常关心地方智库发展，先后与上海市社联、上海社科院以及高校智库专家进行座谈，并对智库展开调研。他指出："智库专家咨政建言是推动科学决策的重要一环，希望大家准确把握国际与国内、学术与实践、当前与长远的关系，更好发挥思想库和智囊团的作用，为上海服务国家改革发展大局、参与国际合作与竞争提供更加有力的理论支撑和智力支持。"①

（二）上海市政府积极引导智库为决策咨询服务

政府决策部门积极引导地方党政智库、高校智库、社科院与党校等体制内智库建立完善的专报报送与反馈流程。对中央、上海市领导关心的焦点问题，引导智库及时报送决策咨询意见，对已录用甚至被领导批示的专报，有关单位及时告知相应智库，使智库成果生产得到相应的激励。各智库也根据专报或其他智库成果的录用和被批示情况，对智库专家和研究者给予适当的物质和精神奖励。

---

① 谈燕. 李强赴复旦调研智库建设并同专家座谈，咨政建言要把握这三对关系[N]. 新民晚报，2018-11-30(1).

(三) 政府千方百计推动研究机构的智库转型

2013 年，上海市就在高校展开“上海高校智库”建设。2013—2019 年，上海市教委与相关高校合作成立“上海高校智库研究和管理中心”，推动高校相关院、所、中心的智库转型；并给予智库机构和研究者经费支持，推动高校专家、学者投身决策咨询服务，为国家和上海市的发展建设做出自身的贡献。2019 年，上海启动了“上海市重点智库”申报工作，并组织专家对上海市各类智库进行走访、梳理，在此基础上选取了一批符合国家智库建设需要，同时又兼具上海自身智库发展特色的智库进行扶持。相关政府机构还对重点智库进行动态考核，根据每家智库的不同特点制定考核和扶持方式，同时加强决策部门同重点智库在决策咨询供求上的对接。

政府在推动新型智库建设时，并不是盲目地提供经费、政策扶持等，而是了解智库运行的规律后去推动建设。上海市在地方智库建设中，就从政府自身出发提出了一些理论性的问题。政府需要什么样的智库？政府不仅需要地方党政智库、社科院以及党校等传统的体制内智库为其提供决策咨询服务，同时也要考虑到在国家和地方发展过程中会遇到的许多新问题、新情况，而对这些不确定领域的研究，可能超出体制内或者计划内研究的范畴，因此上海市政府同样也鼓励一些小而精的智库发展。

上海各级政府还努力探索自身向智库购买服务的创新方式，试图打破政府出题、智库和研究机构申报的传统课题招标模式，逐步探索课题研究的“事后购买”方式，把智库研究项目化，根据项目监管的方式推动智库研究的进行。而项目监管则需要政府部门进行全过程管理，在课题招标、研究推动、课题评审等各个环节，紧贴智库研究的进程。

上海各级政府在推动新型智库建设的同时，还积极探索智库协同，对智库联盟、智库网络平台的建设进行创新。比如依托上海市发展研究中心、上海社科院等机构，围绕国家战略和上海发展有关的重大课题进行集中调研，在高校智库建设中推动教学、科研与决策咨询形成有机联系；在智库与智库之间建立纽带关系，由政府统筹组织共同对重大研究课题进行研究攻坚；依托上海市社科联建立智库行业协会，不仅保障各类智库，特别是社会智库和企业智库的健康发展，也推动体制外智库融入全市的智库发展中，并且推动市级政府部门以及其他各级政府与智库的沟通，加强智库研究供需双方的对接。

此外，上海政府还积极推动传统学术知识的智库转型。比如，从传统的基础性人文学科吸取养分，推动符合国家意识形态的理论发展，为讲好“中国故事”服务。对于理工类学科，积极推动基础性共性知识难题的破解和攻坚，从而推动“卡脖子”难题的破解。在医疗卫生领域，积极促进公共卫生知识的智库化转型，推动公共卫生知识为社会所了解，为抵御传染性疾病以及其他的公共卫生健康难题做出贡献。

二、地方智库发展形成有机整体

从整体上看，上海的地方智库可以分为三个梯队。第一梯队主要为上海市属党政智库和上海社科院等；第二梯队为高校智库，特别是上海市属高校智库；第三梯队为企业智库和社会智库。这三类智库在智库研究上形成了一个有机的整体，满足不同层面的决策咨询需求。

（一）第一梯队智库的主体是上海市属党政智库

其代表包括上海市政府发展研究中心，属于上海市发展和改革委员会系统的上海市发展改革研究院、上海市信息中心等。这类智库与上海各级政府保持着紧密的关系，从某种意义上说其智库研究是政府工作的延伸。这些智库必须为政府当下的工作提供必要的决策咨询建议，且其智库成果必须具备可操作性，能够直接运用到政府工作中。由于直接关系到政府的现实工作，此类智库往往能获得更多来自政府的智库资源。首先，研究数据和信息能够得到保障。由于直属于政府部门，因此能更直接地获得来自政府的数据与信息，在社会调查和调研中也能得到便利。其次，智库研究的经费能够得到保障。这类智库多为事业编制，比如上海市政府发展研究中心为参公事业单位，其研究经费直接由政府财政支持，为保证研究的稳定性、长期性和可持续性提供了有力保障。再次，智库成果能直接报送政府部门。上海地方党政智库本身对于政府的决策咨询需求是极为敏感的，由于隶属于政府各部门，政府的智库研究需求可以直接传递到这些智库，而这些智库研究完成后也能够及时上报。从某种意义上说，这类智库是政府公共决策的外延部门。但是，这类智库在研究上也会有一些短板，因为主要从事能直接服务于政府政策制定的研究，所以这些智库研究的特色是接近现实，并且必须及时和有可操作性，这必然会影响这些智库对某一问题的长期跟踪研究，缺乏战略性研究的高度。在这种情况下，第一梯队的另一类智库就起到了作用，以上海社科院、上海市委党校为代表的智库，就必须给出更具战略性的研究。这类智库应担负起这样的任务。

(二) 第二梯队是上海的高校智库

上海的高校数量众多,“985”高校就有四所,“211”高校中也不乏上海财经大学、上海外国语大学、上海大学这样的知名高校。当然就本书对地方智库的定义看,一些国家教委直属高校的智库并不能属于严格意义上的地方智库。但是上海市在推动高校的智库化过程中做出许多工作,不仅推动国家教委直属高校为国家提供智库服务,更推动这些学校与上海地方高校一样,为上海城市发展做出贡献。高校办智库的优势在于,由于高校以学术理论研究见长,对于某一问题往往有着长期的积累和跟踪,且能够从理论高度把握具体问题,使得对现实问题的看法更具战略性、长远性,可以对影响国家和区域发展中的潜在问题进行挖掘。上海高校理论研究较为完备,对诸多不为人注意的问题都进行了长期跟踪研究。比如上海外国语大学中东研究所就以中东问题研究见长;华东理工大学新时代国家安全研究中心聚焦于社会安全、生态安全、信息安全等问题,而这些议题已经发展成为我们国家和政府关注的热点领域问题;上海财经大学中国自贸试验区协同创新中心,主要研究国际贸易规则、中国自贸区建设和开放型经济等问题,其长期积累不仅对上海自贸区发展提供了智库支撑,也为国家坚持高水平对外开放提供了决策咨询服务。高校智库事实上已成为一种智库平台,比如复旦发展研究院就利用复旦的专家资源、信息资源等,组织学者就某一热点智库问题进行研究,把他们的长期研究转化为智库成果,为党和国家服务。此外,高校也拥有地方党政智库所欠缺的国际研究资源和交流渠道,这使得高校能够及时了解国际智库研究动态以及国际社会对某一问题的看法,为政府决策提供更广泛和必要的信息支撑。

(三) 第三梯队是企业智库和社会智库

它们对上海智库的决策咨询体系形成了一种补充。企业智库有两种:一是以国有企业子公司形式成立的企业智库。近年来,这类企业智库中出现了许多智库创新做法,最典型的是媒体智库的出现,包括第一财经研究院、澎湃研究院与东方智库等机构。媒体智库的发展我们在本书会另辟篇章专门讨论,总体上看,这类智库具有较强的信息收集能力,也能在政府公共政策制定之后,起到政策宣传、政策沟通的作用,完善了公共政策制定的生态链。还有一类企业智库属于民营企业,其中的代表包括福卡智库、前滩综研、华润智库等。这些企业智库在运作方式上有更大的创新空间,且智库领军人物大多有着在政府工作的经历,了解政府决策咨询方式以及公共政策制定的流程,通过企业形式组建智库,在资金的筹集与使用上可以更为灵活,也为智库研究的投资带来便利,比如可以对智库研究所需的硬件系统和软件进行更新,使用国际先进的研究手段对智库议题进行分析等。二是以社会组织形式注册的社会智库,其中的代表包括张江平台经济研究院、上海城市创新研究中心等。与企业智库类似,社会智库在资金使用上拥有诸多便利,这也使得智库创新空间较大。而且,一些社会智库就是由企业发起成立的,对于社会、市场信息变动也较为了解。当然,企业智库和社会智库作为上海地方智库发展的第三梯队,还存在诸多不足,比如它们距离政府决策层较远,政府对其也不够重视,其与政府之间的沟通渠道也较为不畅,另外其在经营、管理上也存在诸多不规范之处。

总体来看,上海地方智库的三个梯队,在定位、分工上形成了一个有机的整体,其研究对象也基本囊括了智库研究的各项议题,这使得上海地方智库形成了一个完备的知识库,可以应对不同议题的研究,满足不同类型的决策咨询需求。

三、地方智库发展与改革开放同步

上海地方智库的发展是与改革开放同步发展的。改革开放带来的许多决策咨询议题构成了上海地方智库的研究对象和研究领域,而改革开放也带给智库以体制活力和创新动力。贴近市场的智库发展方向是上海地方智库发展的特色,而积极运用国际领先的研究理念、研究方法也赋予了上海智库成长的动力。

改革开放为上海地方智库的发展提供了契机,特别是为智库的发展提供了诸多的研究议题。20 世纪 90 年代的浦东开发开放,事实上就是上海智库在研究中提出的。上海社科院在改革开放的浪潮中,最先开始着手研究浦东发展。1983 年上海社科院部门经济研究所曾着手开展"上海经济发展战略研究",在研究中他们提出了上海发展的东进方案,即开发浦东。"对照世界各国的大城市,没有像当时上海那样,一江之隔的两岸经济落差如此之大。这一江之隔的浦东,恰恰能提供发展条件好、投资效益大的开发新区。"部门经济研究所的陈敏之研究员动员全所以及上海市内外甚至国外专家,一同参与研究。可以说,在浦东开发开放中,上海社科院不仅是议题的提出者,同时也在浦东开发开放的过程中成为重要的规划者。除此之外,上海社科院还积极参与到长三角一体化的研究中。袁恩桢研究员就发现，“上海要成为国际经济中心城市，首先是成为长三角的经济中心”，而要达到这个目的，只能通过市场经济的手段。①

进入21世纪以来，随着国家经济、社会、政治、文化、生态领域的发展，上海的城市建设和发展水平也逐步提高，一系列新的智库议题成为上海智库研究的兴趣所在。从上海“五个中心”建设到卓越全球城市建设、社会主义现代化国家大都市建设、自贸试验区建设，到创业板、国有企业改革和国有资本运营研究，再到“一带一路”倡议等，可以说对这些议题的研究，为上海地方智库的发展注入了不断的生命力。

改革开放推动了社会主义市场经济的发展，而上海地方智库的发展也体现了贴近市场的特点。这种对市场的重视，除了体现在体制内智库对市场、社会的频繁调研，更体现在企业和社会智库的市场化运作上。许多企业智库是在改革开放的大环境下诞生的，福卡智库就是其中的典型。20世纪90年代社会主义市场经济刚刚发展起来，需要对市场进行预测，福卡智库的创始人就抓住了这个机会，组建了福卡智库。该智库最初进行杂志的编撰出版，对诸多问题展开研究，1995至2015年，其最初的智库产品《经济趋势》杂志，一共撰写智库类资讯达700万字。② 杂志的运营为福卡智库带来了支撑其开展研究的经费。由于当时社会主义市场经济刚刚起步，许多企业经营者需要了解宏观经济的发展动向，也需要了解政府会如何推动经济体制改革，因此涌现了一批企业订阅者。《经济趋势》为福卡智库赢得了这样一批稳定的读者群，而这个群体也为福卡智库了解市场提供了渠道。福卡智库最初的模式即通过期刊杂志带动智库研究，它善于通过影响企业、社会，通过增强智库的社会影响力，提升智库的整体影响力，并进而推动智库整体发展。福卡智库还通过与《第一财经》合作，通过共同推出电视节目，扩大智库的影响力，以其领军人物王德培命名的《德培论趋势》栏目，收视率长期保持在《第一财经》前三名。③ 随着福卡智库整体影响力的提高，其决策影响力也持续增强。福卡智库专家为上海

---

① 夏斌．钻到改革开放实践中去——专访上海社会科学院研究员袁恩桢[N]．解放日报，2023-12-8(9)．

② 上海社会科学院智库研究中心．思想的力量——中国智库案例集萃[M]．上海：上海人民出版社，2019：223．

③ 上海社会科学院智库研究中心．思想的力量——中国智库案例集萃[M]．上海：上海人民出版社，2019：221．

市城市总体规划(2016—2020)提供了决策咨询服务,其编订的报告《福卡分析》也引起了各级领导的重视。①

改革开放带来经济的繁荣、社会的稳定、科技的创新,这为上海城市发展和地方智库的进一步发展均奠定了基础。特别是科技的创新,促使新理念、新技术、新方法的引入,为上海地方智库发展增添了新动力,也成为智库研究值得关注的问题。比如上海企源科技股份有限公司(AMT)在智库咨询服务中就引入了知识管理的模式,打造了"管理信息化咨询平台+云服务平台+投资孵化平台"联动的模式。"管理信息化咨询平台"主要提供包括公共决策在内的咨询服务,"云服务平台"提供针对客户的线上和线下运营维护支持,"投资孵化平台"则提供更为多样的衍生服务。当然企源科技公司在智库发展中还有许多工作要做,它们主要通过先进的技术,为智库研究提供创新性的研究方法,并且搭建了可供智库深化发展的平台,目前它们主要通过提升学术影响力,带动其智库研究进一步发展。又比如前滩综研将自身定义为数据驱动型的开放性研究发展平台,依托社会开放数据、移动通信数据、社会网络数据等,通过人工智能等技术,为决策咨询服务,并将这一研究模式运用到城市战略研究、产业发展研究、区域经济评估等领域。② 这些新方法的运用对于新型智库未来的发展具有重要的意义,对于研究智库在研究方法、管理模式以及智库产品形态的变化方面也极为重要。

四、总结

上海智库的发展与上海城市的发展关系紧密。上海城市发展既是国家发展战略的重要组成部分,也是在上海地方改革实践下展开的,也就是说上海的发展本身就体现了国家战略和地方发展的统一,这也决定了上海的地方智库必须在中央和国家顶层设计的基础上,对上海发展进行深入、可操作的研究。

总的来说,上海地方智库的发展无论在数量还是质量上都体现了中国新型智库发展的成就。首先,上海地方智库发展形成了一个完整的智库生态体系,不同的智库寻找到自身发展的定位,为不同层级的政府提供决策咨询服

---

① 上海社会科学院智库研究中心.思想的力量——中国智库案例集萃[M].上海:上海人民出版社,2019:222.

② 参见前滩综研官网,https://www.idss.org.cn/page.aspx?node=3&f=cn.

务。其次，上海地方智库的相关研究提供了一个完备的智库知识体系，在经济、社会、外交、生态、文化、政治等各个层面都有着深入的智库研究积累。再次，上海地方智库在智库研究中切实把握住了改革开放的发展动向，了解社会和市场，对改革开放中的新趋势、新情况、新问题都有着敏锐的把握。最后，上海智库也积极采用国际前沿的新理念、新方法、新技术，探索新型智库发展之路。可以说，上海地方智库的发展实践为我国新型智库发展提供了诸多宝贵的经验，也是我国新型智库整体发展水平的体现。

第四节　深圳智库：智库能力的迅速成长

习近平总书记指出："深圳是改革开放后党和人民一手缔造的崭新城市，是中国特色社会主义在一张白纸上的精彩演绎。"①这使深圳在国家发展战略中具有重要地位，它是改革开放的样板。这既使深圳承担了国家发展的艰巨任务，又让深圳这座崭新的城市迎来了重大的发展机遇。这种发展同样需要深圳智库给予有力的治策支撑。实际上，深圳智库的发展也是从无到有的，与深圳城市发展同步，巨大的决策咨询需求对深圳智库发展提出了考验，也给予了深圳智库发展重大的机遇。深圳智库的发展折射出深圳各级政府对科学决策和合理发展的急迫愿望，也体现了智库市场的成长对智库发展的巨大作用。

一、以市场化手段突破发展局限

与深圳的城市发展从无到有相似，深圳的智库发展基础也是薄弱的，其科学、教育机构几乎都是从零开始发展的。根据上海社科院智库研究中心收录的智库名录，深圳智库数量仅 11 家。② 在这 11 家智库中，历史悠久且知名度较高的当属中国（深圳）综合开发研究院。尽管这家智库以社会智库形式在深圳注册，但是无论从设立的宗旨与发起人情况，还是从研究能力和研究议题

① 深圳经济特区建立 40 周年庆祝大会隆重举行[N]. 光明日报，2020－10－15(1).

② 上海社科院智库研究中心收入智库的标准包括四个方面：政治上要遵守国家法律法规；组织形式上智库要保持稳定、运作规范，同时有着健全的治理结构；在智库发展资源上，智库必须有人才储备，稳定的经费支撑，以及智库信息收集和分析体系；在研究成果上，智库必须有明确的研究领域并长期跟踪，同时必须具备学术交流平台和成果转化渠道，并开展国际交流合作。

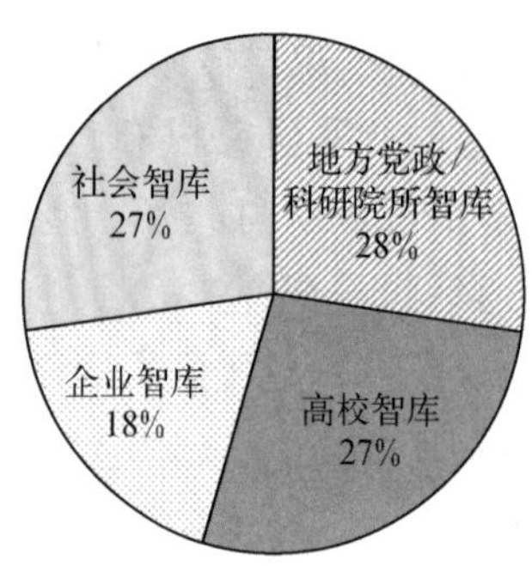

图 3-3 深圳地方智库类型以及占比

资料来源：上海社科院智库研究中心。

看，中国（深圳）综合开发研究院都应该属于国家智库，而且它确实位列首批国家高端智库试点名单之中。但是近年来，中国（深圳）综合开发研究院的发展也逐步与深圳当地发展相结合，之后我们还将对这家智库进行讨论。在这 11 家智库中，深圳地方党政/科研院所智库有 3 家，高校智库有 3 家，社会智库有 3 家，企业智库有 2 家。

有趣的是，体制内的深圳地方党政智库、社科院智库、高校智库数量基本等同于社会智库和企业智库，这显示出深圳地方智库发展的特点，即市场化程度较高。深圳地方党政科研院所智库包括成立于 2011 年的深圳市人民政府发展研究中心（市政府政策研究室）、成立于 1992 年的深圳市社会科学院，以及成立于 2016 年的深圳市城市发展研究中心。深圳市人民政府发展研究中心隶属于深圳市政府，深圳市城市发展研究中心则直属于深圳市发展和改革委员会，且成立时间都晚于 2010 年。也就是说，直接服务于深圳市政府的智库机构数量并不多，且成立时间都较晚。因此，深圳市政府以及其他各级政府的决策咨询需求都必须有赖于地方党政智库以外的智库机构。除了深圳市社科院以外，深圳知名的高校智库包括深圳大学下属的港澳基本法研究中心和文化产业研究院，另一家则是北京大学汇丰商学院海上丝路研究中心。社会智库和企业智库除了中国（深圳）综合开发研究院之外，较为知名的是 21 世纪教育研究院、腾讯研究院和粤港澳大湾区研究院。大多数的深圳地方智库成立时间较晚，比如腾讯研究院成立于 2007 年，深圳市现代创新发展研究院成立于 2013 年，粤港澳大湾区研究院和北京大学汇丰商学院海上丝路研究中心都成立于 2017 年。因此，可以说深圳地方智库得到迅速发展的时间仅为近十年。当然，深圳智库在数量上仍落后于北京、上海等城市，智库发展还有相当空间。

深圳市政府为了解决这一问题，全力挖掘自身的智库资源。据深圳市相关机构的统计，深圳地方智库约 230 家，其中大多数智库是社会智库和企业智库。统计所采用的智库标准其实并不严格，包括联合会、学会、研究会、促进会、协会、民办非企业法人等多种类型的机构都被视作智库，这样的统计方式也从某种角度反映出深圳市对发展智库的急切心情。从这些智库的研究领域看，其研究主要集中在城市发展和规划、科技创新、金融等领域，这些也是深圳作为样本城市较为重要的发展领域。

这里有必要对中国(深圳)综合开发研究院进行一些分析。中国(深圳)综合开发研究院成立于1989年,发起人是国务院经济技术发展研究中心原总干事马洪,以及深圳市委原书记李灏。① 从成立之初,其发起人就提出了打造我国独立"思想库"的构想,将研究院定位为民间性研究机构。成立时的发起人多为知名经济学家、企业家和社会活动家。马洪曾指出,研究院是"总结我国现行研究体制的经验、教训,借鉴国外'思想库'型研究机构模式而形成的,是我国现行研究体制改革的一种新尝试,对活跃我国的政策咨询研究,促进决策的科学化和民主化,具有重要的现实和历史意义"。② 从这里可以看出,中国(深圳)综合开发研究院成立的初衷是想从与计划经济相配套的行政体制中突破,以社会智库的形式促进决策咨询研究,力图寻求思想解放,最终为改革做出贡献。但是实际上,中国(深圳)综合开发研究院依然接受国务院研究室的指导,1998年,深圳市明确了该研究院是市政府代管机构。③ 可以说,机构设置上的特殊性决定了中国(深圳)综合开发研究院的研究层次是国家级的,但是它也必须融入地方发展。

马洪曾提出中国(深圳)综合开发研究院的五个特点,即"民间性、独立性、开放性、公益性、综合性"。其中,"民间性"指研究院是民办机构,不隶属于任何政府机关;"独立性"指独立自主地开展政策研究,为各级政府提供决策咨询。④ 这两者是具有相关性的,尤其对于中国(深圳)综合开发研究院扎根深圳、为地方发展同样提供决策咨询的定位而言,民间性和独立性具有较大的意义。研究院较早就开展了深圳与港澳地区合作的研究,2014年它们提出了湾区的发展概念,在中央提出粤港澳大湾区发展战略后,研究院又积极投入相关研究;还积极总结深圳在改革开放进程中的经验,将之理论化形成可供参考、可资借鉴的经验,并应用于"一带一路"倡议相关项目研究,推动中国企业在"一带一路"沿线国家建立海外园区;另外,研究院还积极总结深圳在科技创新

① 上海社会科学院智库研究中心.思想的力量——中国智库案例集萃[M].上海:上海人民出版社,2019:129.

② 上海社会科学院智库研究中心.思想的力量——中国智库案例集萃[M].上海:上海人民出版社,2019:131.

③ 上海社会科学院智库研究中心.思想的力量——中国智库案例集萃[M].上海:上海人民出版社,2019:132.

④ 上海社会科学院智库研究中心.思想的力量——中国智库案例集萃[M].上海:上海人民出版社,2019:132-133.

上的优势，研究新经济和新动能问题。①

作为最早在深圳成立的智库，中国（深圳）综合开发研究院对于深圳地方智库发展来说具有示范效应。研究院最早提出市场化的发展道路，这也使得市场化成为之后深圳地方智库发展的主要方式。其人事制度也淡化了体制内制度“只出不进”“编制”等框框，通过工作考核，研究院对研究人员实行优胜劣汰。据统计，研究院每年有40%的科研任务是服务于企业的，其中包括央企、地方国企等。

总的来说，中国（深圳）综合开发研究院的市场化发展之路可以说明两方面问题。一是深圳对智库的需求已经出现了市场化特征，各级政府、国有企业等对于决策咨询提出了多层次的要求，需求增多必然引致智库市场的出现；二是中国（深圳）综合开发研究院在资金、人才、科研安排上都采用了市场化的机制，通过相应的激励机制的设定，有效推动了该智库科研活动正常、高效地开展。

二、多样化智库发展之路

在国家治理现代化的过程中，就需要以社会主义的市场化机制，把深圳的地方发展融入国家发展的战略中，这在智库发展方面，就表现为智库发展的市场化。由于在传统行政体系中的地位与国家发展战略中的地位不同步，深圳地方智库在智库影响力的打造中，就不能只倚重决策影响力，还需要通过学术影响力、社会影响力和国家影响力的提升，带动智库影响力的整体升级，要做到这一点依然需要通过市场化机制来加以完成。

深圳地方智库在决策服务对象上主要服务于深圳市各级政府，服务内容包括参与市重大政策的制定，对深圳市发展提出政策建议等。这些工作主要由深圳市的地方党政智库、社科院完成，而在决策影响力方面，这些智库还较难参与到国家级的政策制定中。在对市级政府的决策咨询服务上，深圳地方智库中的社会智库和企业智库也较难直接参与。当然深圳市各级政府在智库发展中也提出了许多建议，比如努力提高学术影响力、建设“深圳学派”，并提出“全球视野、时代精神、民族立场、深圳表达”的口号，赋予“深圳学派”独有的

① 上海社会科学院智库研究中心.思想的力量——中国智库案例集萃[M].上海：上海人民出版社，2019：136-137.

内涵。深圳市社科院推出了一系列研究丛书，包括“深圳学派建设丛书”“深圳改革创新丛书”，把深圳改革开放以来遇到的实际发展议题进行了综合性、理论性的阐述。而这些研究包括了民生、政治、经济、管理、绿化、城市建设、社会治理、科技文化、法制等方面，基本囊括了深圳发展各个方面的决策咨询议题。另外，深圳还推动智库间的学术交流，通过举办学术沙龙，为本地社科研究机构、学会等组织的学者们提供了宽松自由的学术交流平台。

此外，深圳也注重扩大智库的社会影响力。首先，重视智库研究成果的宣传，通过《人民日报海外版·文化深圳周刊》《开放导报》《特区实践与理论》《特区经济》《深圳大学学报》《南方论丛》《深圳特区报（理论周刊）》《深圳市资产管理学会简报与动态》等媒体介绍深圳智库研究的成果；组织召开智库成果发布会，如 2021 年 3 月深圳市委党校完成重大课题“全球标杆城市：国家战略与深圳使命”后，就积极组织宣传介绍。其次，搭建社会化的智库传播平台。比如，建设深圳智库网，跟踪深圳市新型智库发展动态，宣传推介深圳市新型智库发展经验，并在此基础上开设微信公众号进行智库宣传；深圳市还积极推进智库成果普及的平台建设，如深圳社科院主办深圳市民文化大讲堂，推动深圳社科普及周、“社科知识电视大闯关”竞赛、“深圳学人·南书房夜话”等活动，促进市民了解公共政策，了解智库研究的成果。这些方式都加强了政府与社会、市民之间的联系，有利于公共政策的实施，也促使市民可以用好政策，为自己的工作、生活带来便利。最后是推动智库紧密连接社会。为了让地方智库积极了解社会，深圳社科院开展了深圳社情民意调查，切实了解市民的所思所想，为决策咨询服务提供坚实可信的依据。

加强智库的国际交流是深圳智库发展的又一特色，主要体现在三个方面。一是举办国际性的智库交流会议。比如，“大梅沙中国创新论坛”“综研基金·中国智库论坛”等已经成为中外知名的智库论坛品牌。而依托中国（深圳）综合开发研究院举办的国际智库会议，也同样推动深圳地方智库走向了世界。二是推动地方智库与国际智库展开研究合作。比如，中国（深圳）综合开发研究院就与英国的智库机构合作，开展全球金融中心指数的研究，并定期在世界重要城市进行发布。三是推动智库成果的国际传播。比如，开通多语种的智库网络平台，宣传深圳地方智库的研究成果。

总的来说，深圳地方智库的智库影响力建设可谓多措并举。由于智库发展起步较晚，且在智库发展禀赋上也并不突出，所以除了推动智库决策影响力建设以外，深圳还积极在地方智库的学术影响力、社会影响力、国际影响力建设上下功夫，这些都为地方智库发展营造了良好的发展氛围。

三、充分挖掘智库发展潜力

如前文所述，深圳在地方智库发展过程中，其初始的发展资源并不充分，但是深圳依然竭尽全力挖掘智库发展的潜力。首先，把深圳发展中存在的问题转变为智库研究的议题，激发智库的研究兴趣，推动智库成果的生产。其次，积极挖掘可转化为智库发展要素的文化资源，推动高校研究的智库化转型。最后，依靠深圳独特的发展优势，借力高水平智库，发展本地智库。

改革开放为深圳地方智库创造的最大资源是提出了智库研究的诸多议题。随着我国改革开放向更高层次发展，一系列新的议题成为深圳地方智库的研究内容。深圳市地处粤港澳大湾区核心区域，既是我国的经济特区，又是中国特色社会主义先行示范区。在双区叠动的情况下，一系列重要的智库议题应运而生。其中“粤港澳大湾区”发展是深圳地方智库研究的重要议题，而这一议题提出本身就是我国改革开放进入高水平阶段的产物。在此区域中，包括香港、澳门和以广州、深圳为代表的广东城市，如何实现协同发展，如何既兼顾广东省内城市发展，又能考虑香港、澳门“一国两制”的特殊性，实现整个区域的协同发展，是深圳地方智库需要重点攻关的议题。在市级层面，深圳地方智库主要集中研究湾区城市基础设施规划布局，在区级层面，地方智库则重点讨论区级行政区如何融入和服务大湾区建设。此外，深圳是一个从无到有发展起来的城市，是我国城市化发展的代表，因此深圳地方智库还围绕城市发展和城市创新展开了研究，特别是结合中国特色社会主义先行示范区的发展经验，如何推动城市发展和治理创新，是深圳地方智库的重要研究内容。

推动高校智库化，也是深圳挖掘智库发展潜力的重要方法之一。深圳的高校资源相对较少，主要包括深圳大学、南方科技大学等，因而积极推动高校二级研究机构的智库化是其重要举措。在不断努力下，形成了包括深圳职业技术学院党建与世界政党研究中心、深圳大学深圳国际化发展战略研究中心、深圳社会科学院现代化与全球城市研究中心、南方科技大学金融科技与金融创新研究中心等一批研究单位，推动其研究成果的应用性转化。

深圳本地的智库发展资源相对较少，但是深圳本身具有极大吸引力，因此可以吸引全国的智库资源落地深圳，并带动深圳地方智库发展。除了上文已经提及的中国（深圳）综合开发研究院，深圳市还积极吸引全国性的智库发展资源。比如，引进北京大学、清华大学、哈尔滨工业大学等在深圳设立研究生院，引入中国人民大学、广东海洋大学等在深圳设立研究院。而一些智库就是在此基础上不断产生并发展起来，比如北京大学汇丰商学院海上丝路研究中心等。

此外，深圳的智库联盟建设也值得一提。2020 年 11 月，由深圳市决策咨询委员会牵头成立了深圳智库联盟，包括了深圳市大约 51 家研究机构。智库联盟推动了地方智库之间的研究交流，通过智库联盟，各智库可以就共同研究的领域加强联系，甚至开展联合研究。在市级智库联盟之外，深圳南山区和宝安区等还成立了区级的智库联盟。

四、总结

相比于北京、上海等地的智库发展，深圳的地方智库发展起步较晚，智库发展所需的要素资源也并不充分，因此深圳地方智库在发展中依然存在一些问题。首先，深圳地方智库发展的整体实力还不强。它并没有像北京、上海等地的智库形成一个综合而全面的发展体系，能容纳不同领域的研究且可以采用不同的智库研究手段。其次，深圳地方智库行业管理依然有诸多不完善之处。市场化发展模式是深圳地方智库发展的优势，但也因此在行业管理上还存在许多不足。智库不同，行业主管部门也不同，因此无法形成统一的管理。智库联盟的功能也只是促进智库之间的交流，在规范智库行业发展上的作用还不明显。此外虽然深圳各级政府在发展智库上具有很强的积极性，但是各区在智库管理上的规定和办法却各不相同，而这对于智库的整体发展并不十分有利。最后，缺乏对智库长期发展的重要性认识。目前，深圳地方智库发展还是强调短期成果，智库发展中存在“唯批示论”，这不利于智库研究的长期积累，也不利于智库人才的培养。

当然，对于智库研究而言，深圳地方智库的发展展现了一个从无到有的过程。深圳地方智库的发展动力来源于深圳城市发展的特殊性，深圳的发展是我国改革开放的缩影，深圳的发展经验为我国改革开放以及高水平对外开放提供了宝贵的财富。在深圳发展过程中涌现出的诸多问题，既是深圳地方发展中存在的问题，也是我国各领域发展中所必然面对的问题，这些问题的出现带来了巨大的决策咨询需求，也因此成为深圳地方智库发展最根本的动因。与深圳在各领域的探索一样，在地方智库建设上，深圳也积极采用各种手段，弥补自身发展的短板，以市场化的模式，推动深圳地方智库的崛起。

可以看到，诸多深圳地方智库在智库运营过程中，积极采用市场化的模式，积极开拓智库市场，其客户群已经拓展到全国，甚至在国际上也产生了影响。而在智库内部管理上，深圳智库也采用市场化模式，激励研究人员投身智库研究，推出优秀的研究成果。同时，深圳地方智库积极推动智库整体影响力的提升，特别是追求决策影响力、学术影响力、社会影响力和国际影响力的全面发展。应该说，深圳地方智库的发展之路对于许多地方智库的发展是一种宝贵的经验，特别是在如何挖掘智库发展资源、推动智库全方位发展方面，深圳地方智库做出了积极的贡献。

第五节　广西智库：后发地区智库发展之路

上文对不同区域地方智库发展的讨论，主要聚焦在北京、上海、深圳等经济发展水平较高的城市。尽管这些区域地方智库发展情况各不相同，但是经济发展的高水平可以说为地方智库发展都带来了巨大活力。然而，中国一些区域尽管在发展上起步较晚，当前在经济发展整体水平上距离北京、上海等地依然有着较大差距，但却并不影响当地地方智库的高速发展。

一、西南地区加速发展与地方智库的崛起

通过实地走访和相关的数据分析，本节认为区域发展和地方智库发展存在紧密的关系。地方智库为地方发展提供了知识保障和智力支撑，而区域发展又为地方智库的发展提供了条件，使得地方智库能够在地方发展中选择有针对性的研究领域，将自身建设得更具特色。

党的十九大报告将我国社会的主要矛盾概括为“人民日益增长的美好生活需要和不平衡不充分的发展之间的矛盾”。区域发展的不平衡是这种不平衡不充分的重要表现之一。比如改革开放以来，东部地区经济高速增长，但是东北地区发展速度长期平缓。近十多年来，在经历了国际性的金融危机之后，东部沿海地区经济增速也逐步放缓，工业化增速逐步放慢，北京、上海、深圳等城市的发展可以说已经从工业化迈向后工业化进程。与此相比，由于产业转移等因素，西南地区经济却呈现加速发展趋势。2020 年，西部地区的 GDP 达

到 213 291 亿元，同比增长 3.3%，尽管受到新冠疫情影响，其发展速度仍高于东部地区 2.9%的增速。其中，重庆、贵州、广西的 GDP 增速分别为 3.9%、3.9%和 3.7%，超过全国的平均 GDP 增速 2.3%。类比疫情之前的 2019 年，全国 GDP 增速为 6.1%，其中，重庆、贵州、广西的 GDP 增速则分别为 6.3%、8.3%和 6.0%。无论是“重庆经验”还是“贵州速度”，都说明了西南地区经济迅速崛起的状况，而广西的区域发展则是“西南现象”的又一典型。

习近平总书记 2017 年在广西调研时要求广西“要立足独特区位，释放‘海’的潜力，激发‘江’的活力，做足‘边’的文章，全力实施开放带动战略，推进关键项目落地，夯实提升中国—东盟开放平台，构建全方位开放发展新格局”。2021 年 4 月，习近平总书记在视察广西时进一步指出，广西要“主动对接长江经济带发展、粤港澳大湾区建设等国家重大战略，融入共建‘一带一路’，高水平共建西部陆海新通道，大力发展向海经济，促进中国—东盟开放合作，办好自由贸易试验区，把独特区位优势更好转化为开放发展优势”。① 习近平总书记和党中央对广西的发展构想，同广西的地理区位优势密不可分。广西是我国连接东盟各国的门户，与越南接壤，南部的北部湾又直通众多东盟国家，东部与粤港澳地区连接，直接对接粤港澳大湾区战略。广西拥有海岸线 1 595 千米，内陆又有西江直接与珠江三角洲地区连接，因此广西在“十三五”期间提出了“南向、北联、东融、西合”的全方位开发战略。“十三五”期间，北部湾货物年吞吐量达 3 亿吨，西江黄金水道吞吐量为 1.7 亿吨。2021 年的前 7 个月，广西跨境人民币结算累计总额已达 1.38 万亿元，在西部 12 个省份中居于首位。而在产业发展上，广西的先进制造业和战略性新兴产业实力也较强，拥有汽车制造、电子信息等 10 个千亿级工业产业集群。

与经济上的蓬勃发展相对应，西南地区的智库热同样值得关注。就广西而言，其智库发展也十分活跃。在《2019 年中国智库报告》所罗列的智库备选池中，可识别的广西智库数量已为 28 家，在全国位列第五，甚至高于江苏、浙江、山东等沿海省份，在西南地区位居首位。广西特色新型智库联盟公布的成员单位目前为 219 家，这说明广西壮族自治区对地方智库建设的重视，其在政府、研究机构等也已经形成一种积极的地方智库发展氛围。此外，广西的地方智库建设发展体系完备，构建了“1+1+6+4”的新型智库体系。其智库网络

① 扎实推动经济社会持续健康发展　以优异成绩迎接党的十九大胜利召开[N]. 光明日报，2017-04-22(1).

也逐步成型，构建了包括专家库、成果库、需求库、数据信息库在内的四大功能服务平台。在智库科研成果上，一批优秀成果在服务广西地方经济、社会、文化、政治、生态建设中发挥了积极作用，得到了自治区领导的批示和肯定。广西地方智库内部也相互促进、积极合作，形成了智库联盟，其中《八桂智眼》等内部刊物在呈现智库研究成果方面发挥了非常积极的作用。

二、广西地方智库发展的特点

区域全方位发展必然带来有待研究的许多课题，在公共政策中如何给出应对方案就是智库的工作。"十四五"期间，广西既需要面对全国其他地区共同要面对的问题，也需要完成国家战略对广西发展提出的特殊要求。这就要求广西一方面要在高质量发展上继续迈进，形成新时代西部大开发新的增长极；另一方面要在改革综合效能的提升中，加快对东盟地区的开放，在"一带一路"倡议和国内国际双循环的支持下成为重要的节点性区域。这些都为广西地方智库的发展带来了契机。但是地方智库要健康有序地发展，并且最终能够成为国家治理体系和治理能力现代化过程中的重要力量，在地区层面必须有一个利于智库发展的政策环境。而广西深入贯彻习近平总书记对广西工作的重要指示精神，围绕"建设壮美广西、共圆复兴梦想"，全面落实"三大定位"，"五个扎实"，可以说建立了富有广西特色的新型决策咨询体制。

（一）顶层设计着力智库发展体制创新

2015 年中共中央办公厅、国务院办公厅印发《关于加强中国特色新型智库建设的意见》之后，广西即于 2016 年制定了《关于加强广西特色新型智库建设的实施意见》，2020 年 8 月，广西壮族自治区党委办公厅、自治区政府办公厅印发《关于推进广西高端智库建设试点工作的实施意见》。

2016 年《关于加强广西特色新型智库建设的实施意见》提出，预计到 2020 年，广西要建立适应其经济社会发展要求的智库制度环境和政策体系，具体而言，要在智库成果、人才、服务平台和创新环境上实现智库发展水平的明显提升。在这一目标下，广西建立了"1＋1＋6＋4"的特色新型智库体系。这一体系的核心：首先是发挥第一个"1"的作用，即决策咨询委员会的作用，由决策咨询委员会统筹管理广西特色新型智库建设推进工作，对特色新型智库建设中的重大问题进行研究，并制定相关政策。其次是在这一体系中，通过建设一个智库联盟，即广西特色新型智库联盟，协调自治区内部智库建设，整合各类智库资源和力量，实现智库行业内部治理。再次，广西对自治区内的智库进行了分类，划分了地方党政部门智库、社科院及党校智库、高校智库、科研院所智库、企业智库、社会智库六类，根据智库的不同类型，提出智库的具体建设方案。比如广西社科院就根据社科院智库强调重大理论和现实问题的前瞻性、战略性要求，在科研项目管理、科研经费管理、科研成果奖励等方面推出一系列措施，全面提升智库在舆论引导、应用性研究、理论创新等方面的发展能力。最后，为了保障智库建设，广西还在智库平台建设上下功夫，做好“1＋1＋6＋4”的“4”，即四个平台建设，包括需求库、信息库、专家库、成果库。

2020 年《关于推进广西高端智库建设试点工作的实施意见》又进一步提出，围绕强化战略研究能力、资源整合能力、调查研究能力、成果转化能力、对外交流能力等五大能力，广西需要在决策咨询、国际国内交流上努力提升智库建设水平，建设在自治区内具有一流水准，在国内具有较大影响力，同时兼具国际声誉的高端智库，形成可以满足地方决策咨询需求、研究特色鲜明、具备制度创新特点、能够引领全方面发展的高端智库。在此实施意见指导下，广西在第一批地方高端智库建设中，选取了 11 家试点单位和 20 家培育单位。

（二）有针对性地推动各类智库健康发展

通过顶层设计建立起来的智库发展体系，为各类智库要素集聚和有效流动提供了基础，也为各类智库发挥自身优势，推动广西地区地方智库整体发展水平提供了可能。广西在逐步完善地方智库体制的基础上，又投入大量智库资源。在资金上，“十三五”期间投入约 60 亿元建立智库发展基金，对重点智库进行扶持，并建立一系列智库研究基地。在人才培养上，广西给予各类智库研究人员机会，赴政府部门或基层单位挂职，切实了解公共政策制定规范和流程，了解广西发展的区情特色。在政府加大扶持力度的情况下，广西各类地方智库也找准了自身发展的方向。

广西社科院在“十三五”期间就以东盟开放为契机，在东南亚对华文化交流发展史、中国—东盟经济开放交流合作、沿海边疆问题等领域发展出自身研究优势。广西壮族自治区区属高校则依托高校协同创新平台，积极与政府部门建立密切联系，推动高校理论研究成果的应用性转化，加大服务地方政府决策力度。同时，各类地方高校还把决策咨询作为科研工作考核的对象，激发高校科研人员参与智库研究的积极性。自治区各级党校及行政学院，也利用干部培训的便利，建立广西区情调研室，积极组织广西境内各个地方的调研，把地方发展一手情况转化成智库研究成果，提高决策咨询水平。

为了提高广西地方智库发展水平，广西还积极与其他省市高水平智库对接，引入外部资源发展广西智库。比如，广西社会科学院、北海市政府就与上海社会科学院合作，在北海成立了广西北部湾(北海)发展研究院，借助上海社会科学院国家高端智库相关的智库资源，根据广西北部湾发展情况，进行前瞻性政策研究。这一联合办智库的模式也成为广西地区“开放办智库”的重要创新举措。

三、广西智库研究的专业化发展特点

广西地方智库发展必须直面广西经济社会发展的实际情况，既要应对国家开放战略对广西发展的现实要求，又要考虑广西地区多民族聚居、文化多样的基本情况，还要顾及广西当地经济社会发展依然落后于国内发展领先地区的这一现实基础。可以说，广西发展的基本条件决定了广西地方智库发展的专业化特点。

总的来说，首先，广西壮族自治区所处位置为我国少数民族聚居地，除了壮族以外，广西行政区划内还有侗、瑶、仡佬、苗等 11 个少数民族，其少数民族人口在自治区总人口中约占四成。党的十八届三中全会提出，要“贯彻党的民族政策，保障少数民族合法权益，巩固和发展平等团结互助和谐的社会主义民族关系”。在广西，通过研究广西地区的民族文化，建设适应国家经济社会发展和区域开放的社会主义民族关系是当务之急，在这一方面，广西地方智库多年来跟踪广西地区民族文化，形成了“桂学”研究特色。其次，广西全域地处山区，尽管近年来经济社会发展迅猛，但是处于偏远地区的人民生活水平仍亟待提高，特别是自国家精准扶贫战略实施以来，扶贫成为智库研究的重中之重。最后，随着东南亚和南亚地区的发展，广西的地理位置使得其在我国与东盟贸易中的地位日益突出。党的十八届三中全会提出，要“坚持世界贸易体制规则，坚持双边、多边、区域、次区域开放合作，扩大同各国各地区利益汇合点，以周边为基础加快实施自由贸易区战略”。广西在我国对东盟的经贸关系中具有节点性区域优势，是我国对东盟开放的窗口。在这一方面，广西地方智库围绕国家对外经贸战略部署，也展开了意义非凡的决策咨询研究。

（一）具有地方特色的“桂学”研究

广西壮族自治区是我国壮族人民最主要的聚居地，广西多山靠海的地理特点也造就了广西多样性的文化特点。桂北、桂西、桂南呈现出不同的文化样貌。桂北地区与贵州接壤，自古是中原地区进入广西的通路，因此桂北地区从语言到文化都显现出与中原汉文化的亲缘性。桂西南和桂西北则历来是壮族等少数民族世代居住的地区，加之多山的地理特点，少数民族传统文化保存较好。桂南地区也是北部湾沿海地区，海洋贸易使桂南地区文化开放，显现出中华文化与东南亚文化结合的部分特点。改革开放以后，桂东南由于与开放较早的广东接壤，受珠三角经济发展辐射影响较早，传统文化和现代文化，东方文化和西方文化在此充分交融。可以说，多样化的文化特质使得独特的“桂学”研究在广西应运而生。①

“桂学”的产生源于多元文化的融合发展，“桂学”也是一个反映广西经济社会发展各方面情况的综合知识体系。广西地方智库通过研究广西的经济、社会、地理、民俗、宗教、历史与广西的多样化文化，掌握了广西发展的脉络。可以说，“桂学”研究是有关广西区情区况的基础性研究，广西地方智库从事这方面的研究，为其进一步探索广西各方面发展奠定了坚实的基础。在桂学研究上，广西师范大学、广西桂学研究会、广西教育学院等机构都取得了众多成果。

（二）全流程参与精准扶贫等相关工作

2015 年广西全境尚有贫困人口约 453 万人，②但是到“十三五”末，广西已消除绝对贫困，634 万贫困人口全部脱贫，5 379 个贫困村和 54 个贫困县全部摘帽。在这一过程中，广西地方智库贡献良多，也形成了自身的研究风格和研究特色，为进一步消灭相对贫困，开展共同富裕进行决策咨询研究，提供了坚实的智力基础。

首先，广西地方智库对扶贫工作展开了全流程研究。他们深入广西各市县，了解不同地区不同的扶贫现状，对扶贫工作的体制机制问题提出了具有创新性的对策建议。广西发展战略研究院针对财政扶贫经费使用，提出竞争性

---

① 吕余生. 谈谈桂学研究[J]. 广西教育学院学报，2009，6：6－10.

② 广西发展战略研究院. 广西贫困地区扶贫政策效果评估及机制创新智库报告[EB/OL]. [2017－09－25]. http://fzzl.gxu.edu.cn/info/1099/1419.htm.

扶贫资金分配机制，也就是把扶贫财政经费的分配额度与扶贫的效果挂钩，把固定的分配机制改变为以奖代补的方式，提出减贫效果越好，扶贫财政投入力度越大的方针，以此完善各市、县财政资金分配机制。此外，通过细致的调查研究，广西发展战略研究院还对扶贫专项资金拨付流程提出了改革意见，用切实可行的操作建议提升扶贫效率。① 在开发式扶贫方面，自治区人民政府发展研究中心积极探索提升贫困地区自身造血功能，以推动供销社综合改革为抓手带动精准扶贫，还在扶贫移民的生产技能培训和产业建设方面下力气，以技能培训和科技下乡带动贫困地区经济发展，以此提高贫困地区，特别是边境贫困地区人民的生活水平。此外，自治区人民政府发展研究中心还积极探索保障式扶贫，完善了扶贫专项资金使用评估、跟踪、投诉巡查机制。在扶贫工作执行方面，广西区委党校扶贫研究中心提出“精准扶贫更需要精准监管”，②对扶贫工作本身进行明确定位，对扶贫工作人员进行教育培训，并从政策执行策略、执行组织、执行结构以及执行监督等多方面着力，打造扶贫工作的执行管理体系，提升精准扶贫工作的执行力。③

其次，为了直面精准扶贫工作，广西地方智库主动下基层开展调研。为了积极宣传我国精准扶贫政策，为贫困地区发展提供直接的智力服务，广西各类智库积极投身精准扶贫第一线。通过举办各类政策讲座，邀请贫困户和基层公务员举办座谈会，举行智库论坛等形式，让贫困户了解精准扶贫政策，用好扶贫政策，让基层公务员认识到精准扶贫工作的伟大意义。共青团广西区委组织广西农科院、百色国家农业科技园区以及广西各高校智库研究机构的青年智库科研人员走基层，向贫困户传授脱贫有关的政策和科技知识，在广西壮族自治区全境开展“青春扶贫行动”。④

最后，积极促进扶贫资源与贫困地区对接。广西各类智库积极寻找扶贫资源，将省内省外的扶贫资源与贫困地区需求对接，构建了“智库＋产业”平台，通过向贫困地区导入产业资源，推动贫困地区形成可持续的产业发展能力，提高贫困地区的自我造血能力。广西河池地区的东兰县便在智库的积极

① 广西发展战略研究院. 广西贫困地区扶贫政策效果评估及机制创新智库报告[EB/OL]. [2017-09-25]. http://fzzl.gxu.edu.cn/info/1099/1419.htm.

② 王刚，姜维. 精准扶贫更需精准监管[J]. 新东方，2016，5：61-64.

③ 谭英俊. 少数民族地区县级政府扶贫开发政策执行力提升研究：基于广西的调研[J]. 广西大学学报(哲学社会科学版)，2015，37(3)：119-124.

④ 中国青年网. 广西青年智库专家为群众脱贫“问诊把脉”[EB/OL]. [2017-10-9]. http://qnzz.youth.cn/place/shengji/201601/t20160121_7551092.htm.

运作下,与“中国流动三十人论坛”搭建起桥梁。后者把东兰县作为精准扶贫的重点对象,建立扶贫基地,积极引入投资项目,联系商贸订单,用电子商务等科技手段,结合资本运作的方式,积极招商引资,对当地资源进行了再开发。[①]

(三) 积极对接东盟开放

在广西“南向、北联、东融、西合”全方位开放战略中,东盟开放具有重要的战略地位。“十三五”期间,一批对东盟开放的平台和重点项目落地。其中,中国—东盟博览会、中国—东盟商务与投资峰会成为推动我国与东盟地区实现经济一体化的重要平台。中国(广西)自由贸易试验区、中国—东盟信息港、南宁临空经济示范区、防城港国际医学开放试验区等重大项目,也在加快建设速度。广西对东盟开放,不仅是广西区域发展的重要任务,也是我国区域发展战略的重要组成部分。对这一议题的研究,带动了广西地方智库的发展,并使广西智库发展形成了自身的特色。广西各类地方智库几乎都参与到这一议题的研究中,这些智库包括:属于党政智库的自治区民委广西民族问题研究中心、广西社会科学院的中国(广西)东南亚研究所、来自党校的中共广西区委党校“一带一路”研究院,以及属于高校智库的广西大学中国—东盟研究院、广西民族大学中国—东盟研究中心等。

为了推动有关东盟问题的智库研究,广西智库一方面采取了“引进来”的方法,另一方面也推动智库“走出去”。具体来说,通过积极对接商务部、外交部等国家部委以及国内国际的智库,围绕东盟各个国家的发展建立起了东盟各国信息数据库。在东盟各国建立广泛的关系,积极联系对华友好人士,拓展促进中国与东盟发展的人脉资源。通过举办智库论坛、研讨会,推动同东盟国家及其智库的二轨外交。在增进与东盟国家友谊的基础上,积极协助我国与东盟各国建立经济、政治、文化的沟通桥梁。

四、总结

从经济发展的角度看,四十多年改革开放之后,我国地区发展的差异必然会渐被弥合。近年来,经济发展中的“西南现象”体现着西部地区的崛起,而西

① 新华网. 中国流通 G30 推动国贫县“互联网+精准扶贫”[EB/OL]. [2017-10-9]. http://www.gx.xinhuanet.com/wq/20160307/3023778_c.html.

部地区智库的蓬勃发展也与之同步。广西智库无论从数量上，还是对政府决策、社会、学术等方面的影响力上，可以说都迅速提升，这背后的经验值得思考。笔者认为，至少有四个方面可做总结。

第一，区域发展需要智库建设提供助力。广西智库发展的根本原因是区域整体发展需要智库给予智力支持。广西壮族自治区在我国经济的整体发展格局中，属于发展的后进地区。广西的区域位置也较为独特，东与我国经济发达的珠三角地区相邻，在经济发展上受到珠三角经济的辐射和带动，西南又同东盟国家相连接，是我国面向东盟的门户地区。随着我国经济的高质量发展，广西经济发展的潜力逐渐显现，在经济、社会、政治、文化、生态等各方面产生的新问题亦需要通过研究加以解决，这就为广西智库的发展提供了契机。区域发展带来的新问题，政府不能通过原有的方法加以解决，而政府内部在研究力量上又有局限，这就要求在政府之外寻找更专业化的力量，以科学的方式研究这些问题，并以一种改革的思维对公共政策加以创新。所以说，区域发展推动了智库建设，而智库又以改革的方式对区域发展的新问题给出了答案，保证了区域发展健康稳定地推进。

第二，政府需要为地方智库发展营造良好的政策环境。中国特色新型智库建设是我国国家治理体系和治理能力现代化建设的重要课题之一。我国国家治理最重要的优势就是坚持党的领导，这也是保证我国智库健康、有序、可持续发展的主要原则。广西壮族自治区党委和自治区政府于 2016 年和 2020 年相继出台了有关智库发展的重要文件，对智库的建设发展做出了长期规划，针对不同类型的智库进行分类施策，把握不同智库的优缺点，对不同智库的发展清晰定位，自治区党委和政府还把智库发展的资源要素注入智库，使智库发展资源得到有效分配，为智库注入活力。在智库发展要求上，广西坚持智库发展的科学专业化导向，要求智库结合广西壮族自治区区情区况，开展客观、现实的研究。更为重要的是，自治区党委和区政府还积极推动公共政策决策的公开、透明，建立并完善智库发展的各项制度，包括政府购买服务管理制度，决策课题招标评审制度、信息公开制度等，给予各类智库公平公正的竞争环境，促进智库服务市场的健康发展。

第三，地方智库研究应紧密结合地方实际情况。广西智库在智库研究中也充分体现了广西特色。广西新型智库联盟成员单位有 219 家，这些智库把地方和基层的发展情况通过其研究能及时反映出来，包括自治区内的高端智库和重点智库也积极下基层，细致了解现实问题。在积极了解、反映现实的基础上，不少智库聚焦“桂学”研究，形成了广西智库独特的议题，产生了具有地方特色的研究产品，并能够把这些研究积极地进行理论性转化，形成了一批具有应用性的理论研究成果。做好了解现实、了解基层这个智库研究的基础，也使得广西智库在服务广西发展中，能找对研究路径，结合国家战略发展要求，对广西的建设提出有针对性的措施，体现了智库在国家治理现代化中的重要作用。另外，除了决策咨询服务，广西智库在走基层的同时，还通过其他途径对地方发展进行扶持帮助。如在地方基层和企业之间搭建桥梁，发挥智库激活社会网络的功能，扩大了智库对社会的影响力。

第四，应促进智库发展网络建设。广西把“开门办智库”的理念切实履行到行动中，发挥了智库的平台网络功能，把各类智库资源引入智库网络，为自身发展服务。比如率先创立广西特色新型智库联盟，通过智库联盟进行智库行业内部治理，充分整合智库发展资源，达到抱团取暖，迅速发展的成效。此外广西地方智库还积极寻求外部联合，同国内其他地区的智库共享智库发展资源。比如广西大学就是在同中国社会科学院、南开大学、对外经贸大学、中国人民解放军国防大学战略研究所等机构的合作中成立了中国—东盟研究院，借助外部资源帮助自己进行了卓有成效的高校智库建设。

第四章　地方智库的类别研究

在国家治理现代化进程中，我国智库的发展已经逐步形成一个有机的生态体系，这在北京、上海等智库发展较为成熟的地区已经显现。智库生态体系的特点在于，智库之间的竞争是有序和良性的。竞争促使不同类型的智库合理确定自身在智库生态体系中的位置，由之不同智库在智库研究的类型、运营模式、研究领域等方面能够形成不同的特色。

我国的国家治理体系和治理能力现代化是改革开放以后行政体制改革逐步深化的成果和延续。在行政体制内部，由于与公共政策有关的工作分工逐步细化，专业化程度逐步增加，一些新的分工领域被独立出来，或是保留在行政体制内部，或是外溢到行政体制之外。由之就出现了不同类别的智库，有些智库存在于我国的行政体制之内，比如地方党政智库、地方社科院智库以及地方高校智库，有些则出现于行政体制之外，比如地方社会智库和非国有企业性质的地方企业智库。即便在行政体制内部，由于决策咨询领域的进一步分工细化，智库定位也逐步细化，不同智库在公共政策制定过程中发挥的功能也逐渐不同。有研究提出我国智库发展存在圈层，我们可以认为这是我国行政体制改革所导致的智库分工细化的结果。[①] 而圈层从另一个角度来看，也体现着智库生态体系的完善。

地方党政智库自然是这个生态体系的核心，它们直属于地方政府，其研究紧密围绕政府工作展开，研究内容也与政府工作的内容具有同步性。地方社科院智库在智库定位上介乎地方党政智库与地方高校智库之间，侧重于长期性的智库研究以及基础理论的智库转化。地方高校智库则把高校综合而全面的学术理论知识进行应用性转化，以适应决策咨询需求。地方社会智库和地方企业智库虽然处于行政体制之外，但是它们是我国智库发展的必要补充，可

① 李凌，唐亚汇. 中国特色智库思想市场的供给侧结构性改革[J]. 河南社会科学，2017，3：14－21.

以积极从事各种形态的智库发展创新。不同类型的智库，侧重不同的智库研究，而这也决定了不同智库的运行、管理方式不同。本章旨在呈现不同类型智库的发展特点，并试图揭示它们的研究特色与运作管理体制之间的关系。

第一节　地方党政智库发展分析

地方党政智库是我国历史最悠久的智库之一。在中华人民共和国成立之初，我国在地方党政系统就成立了一批决策咨询部门，如地方党委决策咨询委员会、党校等。地方党政处在地方党委和政府工作的第一线，要针对地方党政主要领导迫切关心的问题，提出现状分析和政策建议，这就决定了地方党政智库在地方公共政策制定过程中，具有更大的决策影响力，必须时时关注当下可能出现的问题。在工作机制上，由于地方党政智库多数为地方党政部门，因此科研推进机制与地方党政其他部门较为相似，围绕地方党政主要负责领导所思所想和其他部门实务设立课题，并有序推进研究工作。

根据上海社科院智库研究中心智库备选池采集的数据，全国地方党政智库有 203 家，其中上海的地方党政智库有 26 家，广西有 16 家，其次北京、云南、浙江各有 11 家。本书将以此为对象对地方党政智库加以探讨。

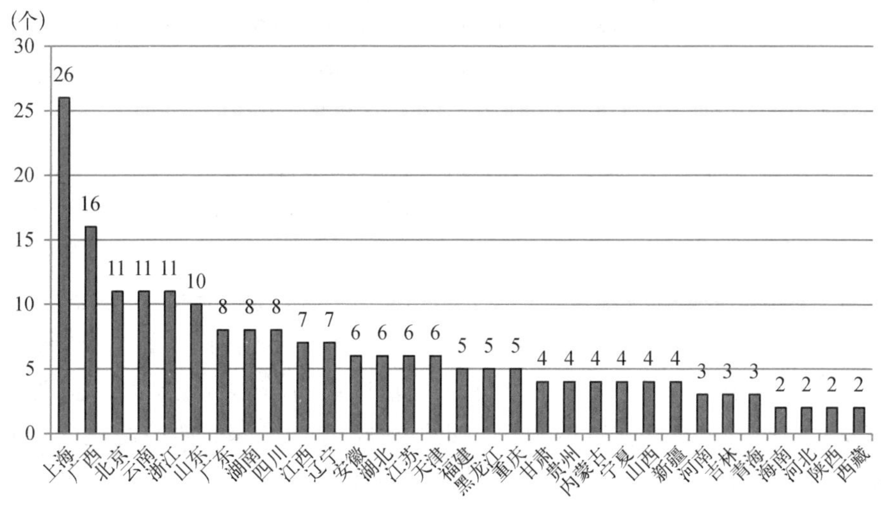

图 4-1　全国各省份地方党政智库数量

一、具有优势的决策影响力

地方党政智库一般隶属于各地方政府机构，诸如各地都设有隶属于各省份的发展研究中心，发改委、国资委等机构也会设有相应的研究性机构。地方党政智库属于政府行政体系。改革开放以来，随着行政工作分工的细化以及政府的决策咨询需求增多，党政智库在行政体系内的相对重要性逐步增强。我国地方政府进行公共决策，首先会要求地方党政智库给予科学研究上的支撑，因此地方党政智库得到来自政府方面的智库资源要素投入也最多。

作为地方党政智库，在智库研究中拥有许多便利条件。由于地方党政智库与党委和政府系统部门在行政构架上具有平行关系，被地方党政各部门视为兄弟单位，在使用地方党政各部门的统计信息、规划信息、工作信息时具有较大的便利性。地方党政智库下基层调研也会得到当地政府的配合和支持，一些基层政府单位甚至欢迎地方党政智库前往调研，以向上级政府反映当地发展中存在的问题。当然，地方党政智库的研究工作在某种意义上必须围绕政府工作展开，它也成为地方党政部门课题委托的主要对象。作为地方党政决策的主要决策咨询支撑，地方党政智库向地方党政部门提供决策咨询是地方党政系统运作的组成部分，也因此可以理所当然地获得更多地方党政决策咨询项目。

地方党政智库也能够自由调配智库人才为公共决策服务。由于地方党政智库在我国行政体制和决策咨询体制中占有重要地位，因此可以吸引优秀人才成为专职研究人员，在需要更为专业的决策咨询服务时，也可以邀请高校或其他研究机构的高水平专家参与研究。比如，广东省政府发展研究中心就设有省长与专家座谈会机制，邀请专家学者和企业家参与，对省委、省政府的重大决策进行咨询和跟踪反馈工作。此外，各地方政府还成立决策咨询委员会，邀请知名专家为政府咨政建言。比如哈尔滨市专家咨询顾问委员会就邀请哈尔滨的高等院校、科研院所和大中型企事业单位及有关部门的知名学者组成顾问委员会的核心，部分域外和境外有一定声望、有较强研究能力、关心哈尔滨发展的专家学者也受邀被聘请。此外还聘请哈尔滨的两院院士为特邀委员。

地方党政智库也能获得充裕的财政经费支持。由于地方党政智库大多隶属于地方党政机关，其科研经费由财政支撑，这能保证智库研究得以持续开展。

在智库研究得到经费保障的基础上，地方党政智库的科研成果转化率也较高。地方党政智库与政府机构之间保持着较为畅通的联系，智库研究成果也能及时报送相关部门甚至地方主要领导。如各省政府发展研究中心，其专报一般都受到省主要领导的重视，批示率也较高。因此地方党政智库可以近距离参与政府的公共政策制定工作，各省政府发展研究中心一般就承担着起草省委、省政府的重大决策性文件和其他重要文稿等相关工作。地方党政智库的领导者一般也是智库的领军人物，这些专家在决策咨询中受到地方政府主要领导的重视，也可以直接参与由地方党政主要领导主持、参加的决策咨询会议，将研究成果直接汇报给决策层。

表面上看，地方党政智库依然是党和政府行政管理体制的一部分，在智库发展的制度创新上相对空间不大，但即便从属于行政管理体制，地方党政智库也有同其他政府部门关系紧密的优势。实际上为了突出这种优势，许多地方党政智库也进行了合乎规范的体制机制创新。如在人事制度上，地方党政智库与地方党政部门人员交流较易实现。地方党政部门领导转任地方党政智库领导的情况也较多，同时许多地方党政智库干部也可通过组织调动、选调等方式进入地方党政机关工作。从某种意义上说，地方党政智库较易实现“旋转门”机制。而在咨政专业化上，围绕一些更为专业的研究领域，一批新型的地方党政智库应运而生，如北京信访矛盾分析研究中心、杭州国际城市学研究中心等。这些智库的成立有效地提升了决策咨询工作的专业性、科学性、有效性。

一些地方党政智库的成立本身就是制度创新的结果。广西北部湾（北海）发展研究院就是这种体制机制创新的例证。它位于广西壮族自治区北海市，是受中共北海市委领导、在北海市注册的公益性事业单位。北海市本身的智库发展资源较为薄弱，因此需要借助自治区的决策咨询力量以及自治区以外的智库要素，弥补在公共决策中科学研究支撑力量的不足。广西北部湾（北海）发展研究院日常办公经费由北海市政府、上海社科院、广西社科院三方共同承担，北海市政府财政预算拨款每年 5 万元、上海社科院每年拨款 3 万元、广西社科院每年拨款 2 万元。研究院法人由上海社科院专家担任。也就是说，广西北部湾（北海）发展研究院是一个三方共建的地方新型智库，同时也为上海社科院的国情调研基地。

还有一些地方党政智库从长远发展的角度考虑人才培养的问题。比如北京市信访矛盾分析研究中心就把智库研究与研究生教育相结合，推动北京城市学院设立了国内首个经教育部认可的、具有正式学历学位的“信访与社会矛盾冲突管理”方向研究生班，研究中心全程参与专业教学工作。该中心还在中南财经政法大学等多所高校的本科教学中分别设立了信访课程。此外，中国政法大学也于2014年9月开始招收“信访与公共政策”方向的硕士研究生。

二、行政化对地方党政智库的影响

地方党政智库与政府保持着紧密的关系，甚至可以说地方党政智库是政府工作的延伸，因此，地方党政智库从机构设置、智库管理、科研推进等各个方面都渗透着行政化色彩。如果与国际先进的智库相比，地方党政智库自然显现出诸多不足。不过我们也应该理解这种不足。在我国国家治理体系中，地方党政智库本身承担着特殊的治理任务；同时在我国智库生态系统中，地方党政智库就是直接为政府服务的。这些定位决定了地方党政智库的智库特色。

由于与政府部门关系紧密，因此地方党政智库对社会和市场发生的动态、变化并不十分敏感，难以结合市场和社会发展的实际情况形成长期有效的跟踪。尽管地方党政智库在调研中可以得到基层政府的支持，但是由于被市场和社会理解为“政府高参”，因此相关的智库调研或科研活动会存在类似于物理学的“海森堡测不准”现象。① 也就是说，被调查对象并不会如实反映自身的情况，而是尽量从有利于自身发展的角度出发，希望智库的调研行为能向政府反映出有利于自身利益的信息。作为地方政府工作的延伸，地方党政智库很难回避这种信息不对称的现象。

地方党政智库的智库研究往往具有某种应急性，也就是根据政府的工作安排进行研究，这就导致地方党政智库无法对某一问题进行深入和长期的研究，甚至可能同时进行多个议题的研究。其智库研究成果也主要回应地方政府的政策制定需求，必须具有可操作性。在很多情况下，地方党政智库甚至成为政府部门的“秘书”，需要帮助地方政府机构完成政府机关日常性的工作，俗称“笔杆子”，其功能也被局限在这样的定位上。这种行政体制内部的认同偏差，往往会影响地方党政智库正常的智库研究工作。

由于地方党政智库需要及时回应来自政府的决策咨询需求，虽然使其决

---

① 关于这种信息不对称问题的研究可参考本书附录内容。

策影响力成为显著优势，但同时也使其在公共政策制定的其他环节以及智库影响力建设方面出现短板。地方党政智库直接参与公共政策的制定，其研究涉密程度往往较高，为了避免社会对政策的误解，地方党政智库往往避免参与政策的宣传，甚至减少与社会的交流，所以我们很少看到较有社会影响力的地方党政智库。它们往往不能通过媒体展示其智库研究的成果，对公众感兴趣的公共政策问题也鲜少回应。

在智库创新实践中，地方党政智库也受到财务、人事等各类制度的限制。比如某经济发达地区的政府发展研究中心，其研究人员工资水平就远低于当地一般水平，且智库研究的激励机制不足，研究成果即便由领导批示，研究人员的奖励也较少，导致智库人员流动性较高。此外，地方党政智库也很少与国际知名智库进行交流，人员外出访学交流机会不多，因此其在智库研究管理、新的研究方法应用、智库议题的设置等多方面，都无法与国际知名智库甚至一些国内知名社会和企业智库相比。

当然，我们应该从地方党政智库在我国智库发展生态体系中的位置来理解地方党政智库存在的不足。地方党政智库必须辅助地方各级政府参与国家治理，智库研究必须服务政府，因此智库研究的灵活性、敏感性就会相对较弱。但是也正因为地方党政智库与政府之间的密切关系，使得它在我国智库发展的生态链中成为独特而不可或缺的一环。

三、地方党政智库的发展潜力

地方党政智库在发展中依然有许多潜力有待挖掘。推动地方党政智库发展的动因在于国家治理现代化下我国行政体制的进一步深化改革。随着国家治理现代化的推进，国家治理体系逐步完善，国家治理能力逐步增强，我国行政体制中的专业分工也不断细化，公共政策制定的生态链也逐步升级，地方党政智库在这一生态链中可以参与的领域随之逐步增多，其专业性也逐步增强。

地方党政智库不仅需要根据政府工作安排参与政策制定的前期研究工作，还要参与到公共政策制定的整个过程，包括政策制定后的宣传、了解社会对政策的反馈、参与政策评估、对已制定的政策加以完善等各个环节。特别是地方党政智库可以完善决策咨询反馈评价体系，加强政府发布政策后的舆情监测，通过政府采购和成立舆情监测处（室）建立舆情调查服务机制。这些地方党政智库通过完善政策后评估，对政策进行及时、有效调整，建立政策数据库，就可以确立对同一领域研究的长期跟踪机制。

地方党政智库也可以在现有的财务和人事制度上进行创新和探索。财务制度上，适度放宽科研经费使用限制，加大劳务费在科研经费的支出比例。人事制度上，在行政体制内部，加强地方党政智库和其他党政机关人才的交流机制，以人才相互挂职等形式，加强地方党政智库与其他党政机关的交流；在行政体制外，加强与高校、地方社科院等机构的人才互动交流。

为了提高智库整体发展水平，地方党政智库也应加强与国内、国际智库之间的业务交流。在不涉密的前提下，加强与国际智库的合作交流，学习借鉴国际先进智库的科研管理理念和方法，推动智库人才科研交流活动。特别是在如“一带一路”等涉外决策咨询议题上，加强与国外智库的合作交流，组织科研人员进行海外调研。加强与国内其他智库的交流，特别是积极利用国内其他智库了解市场、熟悉社会的优势，充分吸纳其他智库共同参与课题研究。此外，地方党政智库还应扩大决策咨询的社会影响力，通过举办政策讲解会等，加强与社会组织、企业等社会力量的交流，确保政策得到社会的理解和认同，强化政策效果。

第二节　地方社科院智库

2015 年颁布的《关于加强中国特色新型智库建设的意见》(简称《意见》)在涉及社科院建设时指出:“社科院和党校行政学院要深化科研体制改革，调整优化学科布局，加强资源统筹整合，重点围绕提高国家治理能力和经济社会发展中的重大现实问题开展国情调研和决策咨询研究。……地方社科院、党校行政学院要着力为地方党委和政府决策服务，有条件的要为中央有关部门提供决策咨询服务。”

地方社科院是国家新型智库建设中的一支重要生力军。地方社科院大多属于地方党委宣传部主管的财政拨款事业单位，在运行、财务、人事、外事等方面均按照事业单位相关规定进行管理。随着《意见》的下达，各省份将省内智库建设提上日程，并纷纷起草出台各地方的智库《实施意见》，地方社科院大多被列入首批重点智库试点名单，并把将自身建设成为国家高端智库作为目标，建立社科院的智库发展战略。

一、科学院体制具有智库发展要素优势

社会科学院和科学院体制一样，是在中华人民共和国成立之初确立的。许多人认为其渊源是模仿苏联的科学院体制，也有人对此有不同看法，认为其是延续民国时期如“中央研究院”之类的机构设置。但是无论如何，社会科学院和科学院体制是我国当时在科学技术发展水平相对薄弱情况下发展的产物。社会科学院和科学院可以有效地集中全国和地方科研人才力量，进行科学技术攻关，更为有效地推动科研成果的产生，为国家建设和发展服务。一般而言，社会科学院和科学院体制有以下三个特点。第一，科研资源集中。社会科学院和科学院都曾代表国家和地方科研的最高水平，拥有高水平的研究人才，科研条件优越，科研基础设施完备。第二，应用性强，社会科学院和科学院的研究工作紧密围绕国家建设和发展而展开，因此其研究须切合国家发展的实际情况。第三，服务国家和政府。社会科学院和科学院直属国家政府领导，因此也必须服务国家和政府。比如中国社会科学院就是国务院直属单位，从设立之初，就被定位为政府的智囊机构。这三大特点在很大程度上有利于社会科学院和科学院的智库化转型。具体而言，地方社科院智库的特点也可概括为三个方面。

（一）地方社科院智库依然具有特殊的智库研究资源

一是具有充足的人才储备。地方社科院对于科研人才依然具有较强的吸引力，特别是解决科研编制，可以使高校博士研究生的研究、生活迅速进入正轨。在地方社科院中，上海社科院的规模最大，拥有在职人员 806 人，专业技术人员 676 人，其中博士学位拥有者占比 76%。二是拥有特殊的平台资源。在计划体制下，地方社会科学院也是地方社会科学的带动力量，因此也拥有带动地方社会科学发展的平台资源。比如地方社科院大多拥有较突出的期刊资源。上海社科院有 6 种 CSSCI 来源期刊。江苏省社科院学术期刊有《江海学刊》《学海》《现代经济探讨》《世界经济与政治论坛》《明清小说研究》《世界华文文学论坛》，其中 5 种为 CSSCI 来源期刊，4 种为中国人文社会科学核心期刊，6 种为全国中文核心期刊。重庆市社科院的《改革》杂志也是著名的学术期刊，并同为 CSSCI 来源期刊。三是科研工作受到政府重视。各地方社科院依然是地方政府的重要智囊，这也为地方社科院的智库化转型创造了条件。

比如广东省社科院就是在省委、省政府管理下直接从事应用决策研究和基础理论研究的智库。湖南省社会科学院也定位于省委、省政府的思想库和智囊团。

（二）研究风格以决策咨询和基础理论并重

地方社科院凭借自身深厚的理论研究功底，充分掌握社会现实情况，进行深入的决策咨询研究。其决策研究往往更具战略性，其理论研究也往往更具现实性。在中国特色新型智库建设过程中，各地方社科院纷纷明确要以理论研究为基础，以决策应用为导向，引导科研人员为决策咨询服务。在研究成果上，要既有科学的方法论，又能够解决现实问题，兼具宏观性和前瞻性，并将科研能力和决策咨询能力纳入科研考核范围，以“双轨模式”推进社科院智库建设。

（三）研究成果侧重地方性议题

地方社科院另一大特点在于研究的地方性，主要研究力量集中于本区域重点、热点、焦点问题。例如广东省社科院致力于粤港澳大湾区研究，广西社科院聚焦于和东盟国家的交流合作；吉林省社科院突出东北地区与朝鲜、韩国周边国家区域研究；四川省社科院聚焦在精准扶贫、民族地区维稳、藏羌彝走廊建设等议题上的研究；青岛市社科院则突出在“一带一路”倡议与中韩自贸区建设等议题上的研究。由此可见，在立足本土、明确主攻方向后，各地社科院纷纷聚焦重点，成立相对应的研究中心以支撑地方特色研究，并利用各地分院（所）和研究基地“接地气”的优势，深化本地区域发展研究，围绕地方政府关注的重大理论和现实问题提供专业的决策咨询服务，为地方政府和经济社会发展大局有针对性地建言献策。

（四）积极引导地方智库协同发展

作为地方重点智库，社科院在引领区域智库建设发展上拥有不可忽视的地位。各地方社科院往往利用自身的智库资源优势，致力于搭建桥梁平台，牵头成立各类智库联盟，充分利用已有资源，构建公共网络和新媒体平台，主办、主导、合办、协办各类大中小型会议论坛、座谈研讨，不仅密切自身与决策部门、科研院所、高等院校的联系，也串联起区域内其他智库机构与这些单位的纽带，促成交流合作，成为本区域智库发展的巨大推动力量。比如广东省社科院就联合省内其他研究机构，发起成立“广东智库联盟”。以智库联盟为平台，广东省十多家高校在内的智库研究机构展开科研合作，利用广东省社科院的专报报送渠道，帮助成员单位发布智库研究成果，并向省委、省政府报送。通过智库联盟建设，广东省社科院还加强了与党政机关、其他地方党政智库、高校智库以及企业之间的联系。

二、智库化转型中存在的困难

地方社会科学院是计划时代的产物，就其发展而言依然存在一些计划时代遗留下的特点，而智库化转型是推动地方社科院积极融入国家治理现代化的有效手段。这个过程意味着体制机制上的转型，意味着研究风格的转型，更意味着知识特色的转型。然而，地方社科院的智库化转型不能说是一帆风顺的，其中存在着一些不可避免的问题。

（一）地方社科院在智库生态中的定位较为模糊

上文已经讨论过地方党政智库在智库生态中的位置。虽然地方党政智库的发展与国际先进智库相比依然存在许多不足，但是其在中国智库生态中的位置是比较明确的，它们紧靠党政机关，为政府工作提供具有时效性、可操作性的决策咨询服务。但是地方社科院智库的定位却是一个值得思考的理论问题。如上文所言，许多地方社科院提出了决策咨询研究和理论研究并重的发展路线，但是，这两个研究领域对于地方社科院智库而言，都面临着激烈的竞争。单就决策咨询而言，地方社科院智库的重要性无法与地方党政智库相比，特别是在地方党政智库发展较好的地区。可以说地方党政智库在获取研究信息和数据、调研，以及了解政府需求上都有着明显的优势，这些是地方社科院智库不具备的。就理论研究而言，高校有着完备的理论教学和研究体系，其研究从广度到深度都超过地方社科院，且地方高校数量较多，再加上当地教育部直属的“985”和“211”院校，地方社科院的实力就相形见绌了。于是，这就为地方社科院的发展提出了问题，在智库研究上，地方社科院究竟应该瞄准哪个环节？许多社科院智库的领军专家也对社科院的智库发展提出过一些设想，比如，有些专家提出，地方社科院在研究上应该侧重长远发展的战略性研究；有些则提出，地方社科院要进行应用性的理论研究。这些设想都是具有建设性的，但问题在于在操作中应该如何实现，这还需要地方社科院智库的领军人物在研究上进一步探索。对于研究经验并不丰富的年轻科研人员来说,这些研究是具有挑战性的。

(二) 社科院定位影响智库科研管理

地方党政智库需要根据政府的要求进行智库研究,要求决策咨询成果推出必须紧跟政府的工作节奏,满足政府的决策咨询需要。因此在智库管理上,地方党政智库必须对智库研究进行统一集中管理和安排,不鼓励研究人员根据自身兴趣选择研究议题。而高校智库由于侧重从学术理论研究中转变出智库研究的成果,因此能给予研究者较多的科研自由,其研究内容也很少被加以干预。那么,对于地方社科院智库而言,究竟是采取集中式智库科研管理,还是分散自主的科研管理方式呢? 这是每一个地方社科院智库都要考虑的问题。从地方社科院需侧重长期性的研究角度来看,社科院需要给予研究人员一定的空间和自由,但是社科院也需要围绕政府决策安排智库研究,在智库管理上采取适当集中也很有必要。但是这个界限如何把握,每家地方社科院智库需要根据自己的情况给出答案。在此智库管理难题之下,对于人事、财务上的分配也同样值得思考。集中统一管理,对于智库资源的分配则需要采取计划的方式,根据行政命令分配智库发展资源;但是在此框架下,对于长期性、理论性、基础性的研究,则不能不给予其一定的宽容。有时长期的研究很可能无法换来较好的研究成果,就要承受智库发展资源投入回报较低的风险。对于这类研究,不能计较短时期的得失,更不能根据行政级别去分配科研经费和选取科研人员。

(三) 地方社科院智库化转型不够完善

比如在研究经费使用、绩效考核和智库成果评定等方面,许多地方社科院仍在沿用传统的经费、报销和考核管理办法,以至于无法区别对待智库项目与非智库项目。社科院对科研人员和高端人才的激励相对不够,政府决策咨询成果在科研考核体系中的体现也相对不够,无法将决策咨询成果与人员职务职称升迁挂钩,课题经费使用和报销流程烦琐,都降低了研究人员的积极性,制约了社科院的智库发展。另外,地方社科院要进行智库化转型,其人才培养方式也需要转型,但是对于青年科研人才如何培养,也一直成为讨论的问题。地方社科院录用的青年人才多为高校毕业的博士,对于智库研究并不了解,对我国政府公共决策的体制机制也并不熟悉,如何使他们成为优秀的智库人才就是一个问题。许多地方社科院往往重视围绕知名专家进行智库建设，更重视通过老专家开展研究提升智库知名度，对青年科研人才的培养则较为忽视。这不仅使得地方社科院科研岗位难以吸引优秀人才，同时青年科研人才的流失现象也较为严重。一些地方社科院虽然拥有许多有经验的研究者，但他们又较多侧重于理论研究，对于现代智库研究和决策咨询方式也并不熟悉，这也导致地方社科院智库建设中存在智库研究人才的断层问题。

地方社科院的地方智库化转型也受到研究资源的获取较为困难的制约。对于地方社科院非政府委托性质的研究，地方政府部门一般较为忽视，地方社科院也因此较难对接政府职能部门获取一手研究数据。另一方面，基层政府单位也往往不重视地方社科院的调研活动，许多企事业单位依然根据行政级别对待地方社科院的调研要求。

还有一些问题存在于地方社科院自身的研究上。地方社科院在分析、把握区域经济社会发展上具有明显优势，但在国家治理现代化和经济全球化的时代背景下，任何问题的产生都不可能仅源于本地，而是同整个国家乃至世界局势的发展有着千丝万缕的联系。因此，地方社科院不能仅仅满足于符合地方发展利益的研究，而应正确对待国家治理和地方发展之间的关系。许多地方社科院在开展研究、服务决策时，往往太强调区域特色，受制于“地方性”，缺乏了“全局性”，导致研究的广度和深度不够，这是值得反思的。

三、地方社科院智库化转型的深化

尽管地方社科院的智库建设存在一些难题，但是在体制机制上依然可以在现有规定的基础上进行一些创新。

（一）建设服务科研的行政管理体系

强化科研行政人员服务智库研究的导向，在明确科研和行政界线的基础上，允许行政人员参加专业技术职称考评，学习借鉴国外经验，准许行政和科研间的双向流动，但绝对禁止两者兼职。在智库发展要素分配上，采取集中和分散相兼顾的制度，特别是可以成立智库研究专家委员会，根据智库专业特点确定科研资源分配，避免智库发展资源分配行政等级化，并且对长期性、理论性、基础性的智库研究，要采取包容态度，并给予一定的空间和自由。

（二）加强智库研究的保障机制建设

从科研组织形式、课题研究、经费配套管理、科研考核激励等方面进行一系列的改革完善。打破原有以研究所为单位的组织形式，以项目为单位，探索跨所、跨领域的交叉学科、综合研究团队建设；完善科研成果体系，引入内部竞争机制和第三方成果评价机制；创新经费管理模式，尝试建立智库建设基金会，引入政府、企业和其他社会组织资金，以支持项目研究；将智库成果纳入绩效考核并给予实质性奖励，提升科研人员参与智库建设的积极性。

（三）推动智库研究视角的更新

要更多地站在国家治理的宏观视角下对待地方发展。推动地方社科院智库研究人员了解政府决策的工作机制、决策方法、决策流程，强化其与政府部门、企事业单位的互动交流，探索建立与不同政府决策部门和政策制定部门的定期沟通、交流平台，形成常态合作机制，及时跟进国家、地方政府的重大决策动向。重视国际交流，与世界顶尖智库沟通开展各项合作，提升研究的国际视野，在此基础上确保为地方党委、政府和各部门提供符合地方发展的战略性、前瞻性研究成果。

（四）特别重视智库人才的培养问题

地方社科院智库要突破体制机制瓶颈，完善奖励机制，探索“旋转门”制度，学习国外返聘退休的政府官员，或者吸收在职人员进入社科院挂职交流；通过对外活动，吸纳各类专家，形成稳定的专家库和专家委员会，便于研究工作的开展；同时，要为高端人才创造良好的文化环境，做好日常保障工作和后期培养工作，激发社科院的内动力，实现人才孵化功能，从而打造人才高地，更好地为决策咨询服务。

第三节　地方高校智库

大学通过知识创新影响社会。在智库产生之前，大学就已经存在，它事实上承担了智库的社会功能。而智库的产生，在某种意义上使知识改变社会的路径发生了变动。智库通过其平台网络功能，更有效地向政府或者其他公共管理机构、社会传递可操作的知识信息，使得知识改变社会的效率更高、节奏更快。而在智库平台网络上，拥有丰富理论知识的专家也占据一席之地，智库的作用就在于将学术和理论知识普及化、应用化、可操作化。地方党政智库在智库平台网络中更靠近政府，地方社会智库和企业智库更靠近社会和市场，地方高校智库则更靠近专家。因此在高校中建设智库必然有其独特的优势和特点。

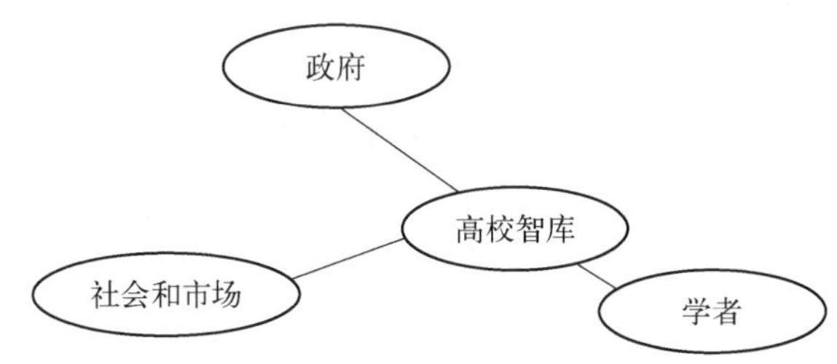

图 4－2　高校智库的智库平台网络结构

2014 年，教育部出台《中国特色新型高校智库建设推进计划》，明确提出要推进中国特色新型高校智库建设，为党和政府科学决策提供高水平智力支持。我国高校智库建设随之进入迅速发展阶段。2022 年，在《关于加强中国特色新型智库建设的意见》印发以后，高校建设智库的热情进一步高涨。在第一批 25 家国家级智库的名单中，北京大学国家发展研究院、清华大学国情研究院、中国人民大学国家发展与战略研究院、北京大学国际战略研究院、清华大学当代国际关系研究院、复旦大学中国研究院等都属于高校智库。根据本书的定义，地方高校智库指隶属于地方政府教育管理机构的高校所建立的智库。这些智库主要以地方高校的二级机构的形式建立，同时隶属于高校的各种研究院、研究所或研究中心。

一、高校学术知识的智库转化

在识别高校智库时会遇到许多问题，高校的二级学院、研究所或研究中心，确定其是否属于智库性质是很困难的。比如某高校的俄罗斯研究中心究竟是一家智库研究机构还是学术性机构，这种难题的产生就源于高校智库的特殊性。包括地方高校在内，所有的高等院校都从事知识的教学和研究工作，有些知识是较容易普及且容易应用到公共政策决策中的，有些则很难。比如，语言学理论的应用性只体现在语言教学上，与公共政策制定的关系就并不密切。有些知识则较易运用到公共决策中，比如对俄罗斯当代政治、经济的研究，就有助于对俄罗斯外交政策的制定。同样是进行国别研究，有些可以导向与公共政策制定关系较小的文学艺术研究，有些则可能涉及外交、经贸等重大公共政策制定。我们在识别高校智库时遇到的难题，从根本上说是高等教育学科界定和智库研究内容分类之间的不同造成的。

高校作为传统学术和理论研究机构，进行智库建设，既会体现诸多优势，也会使高校智库发展存在一些限制。地方高校智库在发展中具有众多优势。在人才储备上，高校丰富的资源是其进行智库发展的最重要优势。高校教师一般具有高学历，高等教育主管部门也对于高校人才培养给予了诸多支持，各地推出的优秀人才计划也有很大部分针对高校科研人员。因此，地方高校智库发展并不缺乏人才。而高校研究生培养体制的存在，也使得地方高校智库的人才培养体制有了必要的依托。在知识储备上，高校的学科发展在综合性和专业性上都较为突出。一些地方高校拥有门类齐全的学科体系，比如广西师范大学；一些则在某些领域拥有专业化的研究能力，比如上海海事大学、广东外语外贸大学等。这些都使得智库建设拥有了知识依托。相比于地方党政智库、地方社会智库和企业智库，地方高校智库研究氛围更浓厚，且在研究方向上更加自主，主要针对当前社会发展中出现的热点问题展开宏观研究，且理论性研究相对较多。一些地方高校智库的专家学者本身就是某领域的政府决策咨询专家，他们往往以顾问身份参与政府决策，特别是在地方党政智库发展不充分的地区。在经费支持上，地方高校智库的建设也拥有稳定的资金支持。一方面，地方高校智库能够享受国家财政支持，经费来源比较稳定，为其研究的独立性和长久性提供了经济基础。另一方面，地方政府在推动地方高校智库发展上也推出许多措施，企业、研究机构、地方政府共建的模式在许多地方高校智库建设中被采用，这使得地方高校智库发展获得了更多的资金支持。比如上海国际航运研究中心就是由中国海运（集团）总公司、上海市交通运输和港口管理局、上海海事大学等 21 家单位共同发起成立，但挂靠在上海海事大学的地方高校智库。

在地方高校智库建设中，除了智库发展的资源要素丰富以外，智库还可以借助高校的国际交流渠道扩大自身的影响力。部分高校智库具备从全球招贤纳士的能力，将外国访问学者请进来，并努力挖掘国际交流的人脉资源，有效促进了智库研究人员的队伍建设。地方高校智库也可以在海外创立研究中心，推动中外高校智库对话。比如广东外语外贸大学下属的广东国际战略研究院就与美国、德国、法国、西班牙等 30 多个国家和地区的知名高校、研究机构建立了合作关系，在海外建立了亚太研究中心、中智研究中心以及粤商研究中心美国分部；中国—东盟研究院也每年举办中国—东盟区域发展论坛等大型国际论坛。

教育部曾推动高校的协同创新中心建设，促进高校的智库化转型，为高校拓展成果应用渠道，在高校建立智库研究管理体系。地方高校也从中受益，比如广西大学建立中国—东盟研究院的中国—东盟区域发展协同创新中心，隶属于广东外语外贸大学的广东国际战略研究院建立了 21 世纪海上丝绸之路协同创新中心，广西师范大学建立了“桂学”研究协同创新中心。这些地方高校智库也获得了一些专报报送渠道。在这样的制度支持下，这些中心研究的成果也颇具特色，智库专业化发展也逐步显现。比如，广西师范大学“桂学”研究协同创新中心致力于“桂学”的研究和应用；上海国际航运研究中心在国际航运研究上对上海国际航运中心建设形成支撑；广西大学中国—东盟研究院也着眼于国家与东盟的发展。这些研究大多从国家战略发展的角度对专业领域和特定区域的发展进行审视、分析和探索，可以说既符合国家治理的需要，又回应了地方发展的要求。

近年来在政府的引导下，地方高校智库建设有序开展。应该说地方高校智库化转型是提升高校科研价值的重要路径，以智库研究带动学术理论研究成为地方高校发展的重要手段。特别是地方高校的发展在许多方面逊色于国家教委直属院校以及其他国家部委直属院校的情况下，智库化之路是推动地方高校更具特色发展的有效方法。而探索地方高校智库化转型的关键则是推动高校研究成果与政府、社会需求相结合，为公共政策制定服务。

二、学术理论知识与智库知识的矛盾

相对于其他地方智库，地方高校智库在知识储备、人才储备以及资金支持上都具有相对优势，这是学术理论知识能够顺利进行普及化、应用化、智库化的基础。然而，犹如硬币的两面，优势有时也会潜藏着问题。由于地方高校传统上习惯于进行学术理论性的研究，由此而形成的学科界定、管理方式、激励方式却恰恰不适应智库建设与发展。

笔者在调研中发现，阻碍地方高校智库化转型的因素如下。

（一）无法正确认识智库知识，困扰地方高校智库发展

由于智库建设会为高校或者高校二级机构带来人事和财政方面的资源以及有利的政策扶持，许多地方高校将与智库研究关系不大的理论研究也归入智库研究之列，但这些研究对政府公共政策制定的意义其实并不大。许多高校的研究者对智库化转型较为轻视，认为智库研究是轻而易举的事情。实际上高校教师和许多科研人员并不了解政府治策的方式和流程，也并不清楚政府的需求，所以许多学术成果并不能满足政府机构的需求。高校科研人员撰写的决策咨询建议往往需要进行二次加工，但是如何对这些建议进行二次加工，是否需要建立某种工作机制，这些问题却并没有引起地方高校的重视。

（二）传统学科分类方式限制智库人才培养

比如对某区域进行政治、经济、社会全面研究的智库型人才，其培养在学科分类上究竟属于政治学、经济学还是社会学？其实，政治、经济、外交等部分学科的发展，已经比较容易进行智库化转型，但大部分高校的理工学科与智库建设的关系却并不密切，致使高校的学科分类虽然较丰富，但实际能对智库建设起作用的学科也非常有限。

（三）高校科研管理方式限制智库发展

地方高校智库发展所需要的智库型人才，依然需要根据其学术理论研究成果对其进行考核，也就是智库研究人才仍然需要通过学术论文发表等体现自身的工作价值，这导致地方高校智库研究者的工作需要兼顾学术研究与智库研究。在智库人才的职称评定上，由于许多智库研究成果涉密，无法公开，因此也无法按照一般学术研究成果进行同行评议，并作为职称评审的依据。一些智库研究的成果虽然为地方甚至中央的政策制定提供了研究依据，在政策转化中被采纳，但是因为政府机构出于保密考虑，无法提供专报批示和政策转化证明，对于这种情况，地方高校就无法认定研究成果。许多地方高校智库为了规避这些问题，会采取招聘编制外研究者的方法，但是这些方法并不利于研究队伍的稳定发展。

（四）财务管理体制无法适应智库发展要求

智库研究经费虽然也得到来自政府、企业等方面的支持，但是在许多情况

下，由于挂靠在高校，不具有独立法人资格，地方高校智库的经费使用必须受制于较严格的高校科研经费管理办法，在经费报销过程中存在较大困难，甚至有金额可观的经费无法使用的情况，致使研究人员普遍薪酬待遇不高，大大降低了研究经费本应对人员的激励力度。另外，不少高校智库所获得的经费实际依然紧张，需再自筹经费才能得以壮大发展。

以上问题都是由于高校传统的科研管理制度与智库建设的不适应导致的。除此之外，与地方党政智库和地方社科院智库相比，地方高校智库与政府机构的关系更为疏远。除了一些具有声望的学者专家受到政府的青睐，普通的地方高校智库研究者，其相关智库研究成果由于缺少报送渠道，很难为政府机构所知晓。高校与政府机构缺乏紧密对接，也成为制约地方高校智库发展的瓶颈之一。

三、深入推进地方高校的智库化转型

从地方高校的角度出发，智库建设的首要工作是产出符合规范、满足政府治策需求的智库产品。在这方面，一些全国性的高校智库的做法是值得借鉴的。比如复旦发展研究院就将自身定位为复旦大学的智库成果转化平台，他们组织人员对专家学者的研究成果进行二次开发，如摘出重大课题成果的重点内容等；有时甚至进行三度开发，针对政府的治策需求，他们把学者专家一些有针对性的研究成果，加工成为咨政信息。这个过程帮助不熟悉政府机构治策流程和方式的科研工作者，有效地把学术理论研究转变为可应用的智库研究成果。

（一）推动高校与政府之间建立沟通渠道

一方面，促进高校科研人员熟悉政府治策工作流程和方法，熟悉政府文件的写作语言，通过推动高校科研人员赴政府机构挂职等方式，加强高校与政府的联系；另一方面，地方政府也可以通过地方党政智库与高校强化联系，共同推动智库建设。比如地方党政智库与地方高校智库可以联合设立以地方高校专家命名的工作室，推动智库合作；也可以通过地方性的智库联盟，使高校智库分享专报报送渠道，打通地方高校智库与政府机构之间的体制隔阂。

（二）推动智库管理和智库资金筹措上的制度创新

在智库管理方面，采取“理事会”“董事会”“专家委员会”模式。智库发展的重大事宜，由理事会进行决策，影响智库研究的经费使用，由董事会进行协商和决策，智库研究成果的价值，则由学术委员会进行评定。在研究经费以及研究人员的奖金方面，也可以通过基金会的形式加以筹措，吸引社会资本、校友向基金会募捐。而在基金会的运作上，可以探索资金增值的方式，通过合规的投资，实现基金可持续增长，以支持地方高校智库进行长期性的研究。

（三）完善管理制度适应地方高校智库发展

特别是需要合理解决智库成果认定以及与此相关的智库研究者职称评定问题，对于智库研究者给予奖励，才能吸引学术科研人员更好地向智库研究发展。国家教育主管部门要考虑高校智库化发展的趋势，合理设置相关学科，推动交叉学科、应用学科的发展，为人才储备打好基础，促进高校培养发展智库型的硕士研究生和博士研究生。

地方高校智库建设实际是在推动高校知识生产的社会化，它加快了理论知识向社会普及的速度，促进了学术成果的应用性转化，使得知识不再是象牙塔中不为人所知的艺术品，而是真正对社会发展有益的智库产品。从根本上说，这是地方高校智库建设的意义所在。而地方高校智库建设的关键，就在于创造有利于这种知识社会化过程的知识管理体制，打破传统的知识生产、传播和管理方式对智库研究这种知识社会化生产方式的限制。

第四节　地方社会智库和地方企业智库（非国有企业）

在 2017 年民政部、中宣部等 9 部门联合印发的《关于社会智库健康发展的若干意见》中，对社会智库有着明确的定义：“社会智库由境内社会力量举办，以战略问题和公共政策为主要研究对象，以服务党和政府科学民主依法决策为宗旨，采取社会团体、社会服务机构、基金会等组织形式，具有法人资格，是中国特色新型智库的重要组成部分。”地方社会智库与国家性的社会智库有所不同。国家性的社会智库，比如中国国际经济交流中心，虽然是以社会团体进行注册，但是其管理者、领军人物都是退休的国家领导，在获取智库发展资源、参与国家政策制定和进行政策建言上，都有地方社会智库不可比拟的优势。地方社会智库大多数是真正意义上的体制外智库，它们不是国家行政体系的组成部分，因此在中国智库生态体系中是较为独特的。

地方企业智库有两类：一类是具有地方国有企业色彩的智库，或者是地方国有企业内部设置的部门，或者是地方国有企业的子公司；另一类是民营企业性质的企业智库。央企性质的国有企业智库专业化程度高，有些具有垄断性质，并担负着更多国家安全、社会保障方面的责任和义务，需要对与其所在产业领域相关的社会、民生、外交等公共领域问题提出决策建议，作为党和国家相关决策的参考。相比之下，地方国有企业智库主要根据地方国资、国企主管部门的安排进行运作，参与决策咨询并非其主要职责所在。但是近年来，一些国有性质的新闻传媒类企业也开始参与到智库建设中，比如上海东方传媒集团、第一财经智库、深圳报业集团等，这成为地方国有企业智库发展的一种趋势。除此之外，地方企业智库主要是以民营企业登记注册发展的智库。这类地方企业智库与地方社会智库类似，也处于国家行政体制之外，且有着相似的运作方式和发展模式，因此本节将对这两类智库一同加以分析。

一、具有活力的智库发展

我们已经认识到地方社会智库和非国企性质的地方企业智库是典型的国家行政体制外的智库。尽管无法获得行政体制带来的智库发展资源，包括稳定的财政支持、贴近政府的成果报送渠道、调研和数据获取上的便利等，但是地方社会智库和地方企业智库也不受行政体制内部财务、人事等管理制度的束缚。因此，地方社会智库和地方企业智库在智库建设上也十分具有特色，总的来说可概括为：智库发展运作的灵活性、智库建设创新的多样性、智库研究内容的前沿性。

相比于地方党政智库、地方社科院等体制内智库，地方社会智库和非国有性质的地方企业智库在科研、财务、人事制度上拥有更多灵活性。在科研体制上，这两类智库可以较为灵活地推进研究，在选题、研究方法设定等方面具有更大的自由度；在财务制度上，这两类智库科研经费使用的限制更少，只要符合社会团体或者企业的财务规定即可；在人事制度上，科研人员的聘请、辞退相对自由，能确保科研人员积极参与公共政策研究的积极性。同时智库科研的质量能够通过有效的激励措施得到保障。一些企业智库采取“高压力、高激励、高成长、高体验”的人才培养机制，项目的负责人根据业务量的多少对员工进行激励，同时以股权激励等高能激励方式提升研究人员的积极性。

与地方党政智库、地方社科院智库和地方高校智库相比，地方社会智库和地方企业智库在智库发展资源的获取上不具优势，为了自身的生存和发展，这两类智库就必须突出自身智库研究成果的价值。地方社会智库和地方企业智库必然以社会和市场为导向，其注册性质也决定了它们比其他智库更贴近社会和市场。社会智库往往与各类社会主体和市场主体保持长期良好的关系，使得社会智库能对这些机构进行长期跟踪，切实了解这些机构的实际情况，能有效避免政府机关临时进行的调研可能存在的失真现象。许多社会智库在决策咨询过程中，能提出更代表社会组织和企业的想法，能避免公共政策制定出现由政府单一主导的局面。

贴近社会和市场，使得地方社会智库和地方企业智库的研究更具现实性，在智库发展上也更具创新性。在智库运营模式上，我们已经看到企源科技这样的企业尝试将“管理＋IT”“咨询＋运营”的新理念贯穿到智库运营中，建立了网上虚拟的信息化研究中心。在项目过程中，设置项目知识管理专员，对项目进行知识审计，提炼项目过程中的经验教训；在项目结项阶段，进行 AAR（After Action Review，行动后反思），会有项目结项报告、项目的知识地图，以及客户评价。在研究方法上，地方社会智库和企业智库乐于尝试最新的科技创新成果，比如我们已经提到的前滩综研，就依托社会开放数据、移动通信数据、社会网络数据等，通过人工智能等技术，为决策咨询服务。

地方社会智库和企业智库在研究内容上可以关注一些体制内智库往往忽视的前沿问题。比如，腾讯研究院就十分关注互联网科技和其他科技创新对人类生活的影响，并在法律、社会层面揭示这种影响带来的变化；像 ChatGPT 时代的版权问题、大脑和机器结合带来的伦理问题，等等，这些议题都具有试验性和前沿性，对它们的研究不仅仅停留在对科技创新的赞叹，还提出了由科技创新带来的诸多问题。又比如阿里研究院在 2017 年就提出互联网对企业组织的影响问题，包括“告别公司、告别八小时工作制、告别一般贸易”等变化。① 这些都是企业智库基于自身熟悉的产业领域，对产业发展带给人类经济形态、生活形态和社会形态变化做出的预判，这些研究是其他智库无法替代的。

在智库管理、智库运营和智库研究上，地方社会智库和企业智库不断探索

① 上海社会科学院智库研究中心. 思想的力量——中国智库案例集萃[M]. 上海：上海人民出版社，2019：196.

创新，对我国的智库研究体系构成了必要的补充。而在影响力提升方面，由于地方社会智库和企业智库不具备与政府直接联系的决策咨询通道，因此无法选择通过加强决策影响力提升智库的综合影响力，所以要想扩大和提升影响力，就必须从社会影响力和国际影响力着手。众多地方社会和企业智库通过积极拓展合作渠道，借力发展，与其他社会智库、企业智库、党政军智库、媒体智库等合作论坛、著作、课题等，整合研究经费、研究人员，从而提升自身的社会影响力。在解决了自身利益诉求外，这两类智库还会合理分配研究力量，积极承担政府的咨询及规划项目，形成了更具公共价值属性的研究成果，努力为政府公共政策、宏观政策的制定提供参考，提升决策影响力。

二、智库发展中存在的缺陷

尽管地方社会智库和企业智库是我国新型智库发展中的新生力量，其智库发展因为善于多层次的创新而充满活力，但是由于地方社会智库和企业智库作为行政体制之外的智库，在智库发展资源获取上还存在劣势。许多政府部门不开放掌握的统计数据、规划信息、政策信息，使得社会智库和企业智库难以获得与智库研究有关的信息，对政府工作的动态缺乏了解。尽管一些社会智库和企业智库的创立者和主要研究人员都来自政府机构，与政府尽力保持着密切的关系，即便如此，地方社会智库和企业智库了解政府决策咨询需求信息的能力也还是有限的。同样，由于缺少与政府沟通的渠道，地方社会智库和企业智库的研究成果很难为政府机构了解，因此它们中的许多智库，一般会通过提升自身社会影响力，再反过来影响公共政策制定。比如，腾讯研究院就是在行业内部拥有较高声誉和影响力，但是其研究成果仍然很少得到政府方面的重视。针对这一劣势，政府和智库两方面其实都要反思。一方面，政府工作人员只关注眼前工作，对前沿性的研究不关心、不热衷，或者即便对这类研究感兴趣，也觉得与政府工作的关系较为疏远；另一方面，智库也忽视了对自身研究与政府现阶段工作关系的联系，使得在沟通渠道少之外，又增加了缺少说明带来的与政府治策工作的隔阂。

出于地方社会智库和企业智库的科研专业技术职称评定较难等原因，这两类智库对人才的吸引力也较弱，特别是对领军人才的吸引力不足，导致这两类智库的人才队伍流动性较大，难以形成稳定的专家团队。此外，大部分社会智库和企业智库的经费支持往往不足。它们很难从政府采购中获取智库研究经费，政府也不愿意将相关课题研究委托给这两类智库；而在公开招标的课题中，地方社会智库和企业智库的竞争力也明显弱于体制内智库。它们的经费来源也往往很单一，很少能获批允许通过基金会形式筹集资金。而且，社会智库运作的政策限制依然较多，比如社会智库运营费用中的劳务费和人工费占比要求不能超过一定比例，这对于轻资产的社会智库运作显然构成阻碍。

地方企业智库还存在自身功能定位模糊的问题。有些地方企业智库与咨询公司的身份重叠，政府决策咨询业务和商业咨询业务混淆，在为政府提供决策咨询服务的同时，也为企业提供管理方案和知识经验，甚至有些企业智库为了盈利，主营业务已经变成为企业提供咨询服务。有些地方企业智库的市场定位甚至也含糊不清，往往不清楚应该针对何种客户群体，为哪一层级政府提供服务，因此很难围绕客户群体形成具有特色的服务产品。

地方社会智库和地方企业智库无法获得持续的研究资金保障，因此许多智库事实上是以营利为目的，无法进行独立的研究。一些地方社会智库和地方企业智库主要凭借创始人或投资人与政府保持的关系，获取政府购买服务，在咨政建言上，往往缺乏独立性。有些智库根据地方政府工作人员的想法进行研究，无法通过严谨、科学、客观的研究对公共政策制定提供支撑和保障，有些甚至成为地方政府的编外工作人员，处理政府的日常文字工作。

最后，还需要注意的是，许多地方社会智库和企业智库与小企业经营类似，缺乏规范性。在资金筹措中，只考虑投资金额，忽视了投资方属性。比如，存在一些社会智库和企业智库接受反华机构资金援助的情况，而这些智库又对社会产生了影响，对国家安全造成了危害。这类教训在地方社会智库和企业智库的发展中应当引起重视。另有一些民营企业兴办智库是为了结交政府工作人员，影响政府公共政策制定，从而为自身企业和投资人的利益服务。更有甚者，利用智库平台进行洗钱等违法犯罪活动。还有一些地方社会智库和企业智库盲目通过扩大社会影响力提升自身价值，其研究成果往往哗众取宠，偏离智库研究客观性、科学性的诉求，在智库研究和知识社会化过程中，混淆视听。这些问题都需要引起我们的警惕和重视。

三、地方社会智库和企业智库需要更为完善的发展环境

地方社会智库和地方企业智库在我国新型智库发展中勇于进行创新试

验，是我国智库生态体系中不可或缺的有生力量。当然这类智库在发展中也会存在更多的问题，但是不能因噎废食，而是应该为这两类智库的发展创造更好的发展环境。2017 年民政部、中宣部等 9 部门联合印发《关于社会智库健康发展的若干意见》后，各地方政府对于社会智库发展应尽快制定细则，加强业务主管部门和监管部门对社会智库的监管和引导，促进社会智库积极为政府公共政策制定提供服务，特别是对社会智库从事对外合作交流进行合理监管。

在促进地方社会智库和企业智库的发展中，政府实际上可以发挥很多作用。一是加强政府部门政府信息公开，开放政府部门统计信息、规划信息等。二是地方政府购买决策咨询服务过程中向地方社会智库和地方企业智库倾斜。一方面各省市决策咨询课题招标应向地方社会智库和地方企业智库适当倾斜，鼓励社会智库积极申报政府决策咨询课题；另一方面政府委托课题在重视科研水平的前提下，也应适当向这两类智库倾斜。三是鼓励地方政府工作人员与地方社会智库和企业智库科研人员交流。举办政府机构与社会智库的研究交流会，政府机关工作人员和社会智库科研人员可以相互交流、挂职。四是适当对地方社会智库和企业智库开放专报报送渠道。社会智库可以与体制内智库加强合作，利用体制内专报向政府机构积极建言献策，同时政府部门应加强对被利用的社会智库研究成果进行奖励，促进社会智库科研工作的健康发展。

在人才培养上，地方政府要帮助社会智库和企业智库建设合格的智库人才队伍。比如，重视地方社会智库和企业智库领军人才的作用，推动这两类智库跟随领军人才从事研究工作，同时政府对领军人才研究也应给予支持，并将其吸纳为政府决策咨询专家团队成员。又如，拓宽社会智库和企业智库科研专技职称评定渠道，社会智库和企业智库可以自行向各地专技职称评定机构递送申请材料，由此引导更多优秀人才进入社会智库工作。再如，可考虑推动公务员赴知名社会智库和企业智库挂职，与智库进行人才交流；有条件的地方社会智库和企业智库可以通过聘用退休专家、长期与研究机构或高校专家合作、引入各行业的资深人士等途径，充实人才资源，提升智库的整体研究实力。还比如，单靠内部的研究力量是有限的，除了利用数据平台实现内部的信息共享外，还需要加强同其他智库机构的交流与合作，因此搭建开放的研究平台就很有必要，使之能够发挥专家学者、行业人士集体智慧的力量，高效协同创新。另外，对于现有的研究人员，要发挥每个人的特长，并建立完善的考核机制，优胜劣汰，提升人员的研究积极性。

此外，企业智库应该明确自身定位，在此基础上扩展业务。应该注重政府决策咨询和企业咨询服务的良性互动，在深入了解企业实际，参与企业及产业市场实践的同时，为政府决策咨询工作积累信息和数据。对于社会智库，政府可以考虑放宽其吸纳社会捐赠的限制，放宽其运营资金使用的限制，提高社会智库对人工费用、劳务费用的使用比例。

第五章　地方智库在国家决策咨询体系中的地位和作用研究

——以精准扶贫为例

本章将重点通过地方智库在深化改革中的作用，说明地方智库在国家决策咨询体系中的地位和作用。之所以以深化改革为视角，源于以下两个原因。第一，党的十八届三中全会做出《中共中央关于全面深化改革若干重大问题的决定》以来，深化改革成为党和国家各项战略部署的基石，在我国国家治理体系和治理能力现代化进程中具有举足轻重的地位。从党的十八大以来中央全面深化改革领导小组和中央全面深化改革委员会所召开的历次会议看，改革涉及的议题关乎我国经济、政治、社会、文化、生态五大文明建设的方方面面。第二，我国智库建设与改革开放，特别是行政体制改革之间具有紧密的联系。一方面，智库是我国行政体制改革的成果，我国社会主义新智库建设与行政体制改革的深化密不可分；另一方面，正如一些国外学者注意到的，在发展中国家，智库是改革的催化剂。尽管我国的全面深化改革，其本身是社会主义性质的改革，与西方学者对改革的理解有所不同，但是在全面深化改革的过程中，智库依然是深化改革的推动力量。

对地方智库在国家决策咨询体系中的地位和作用进行研究，有助于我们评价地方智库的决策咨询功能和水平。我们选取了国家战略性的议题——精准扶贫，考察地方智库对这一议题的研究，并对其决策咨询作用进行分析。精准扶贫是改革开放以来我国地方智库持续关注的重要议题之一。党的十八届三中全会《中共中央关于全面深化改革若干重大问题的决定》中有多处与扶贫相关的内容，分别是“支持慈善事业发挥扶贫济困积极作用”，“对限制开发区域和生态脆弱的国家扶贫开发工作重点县取消地区生产总值考核”，并提出对贫困地区增加转移支付。党的十八届三中全会以后，习近平总书记于 2013 年 11 月在对湖南湘西考察时首次做出“实事求是、因地制宜、分类指导、精准扶贫”的重要指示。党的十九大报告提出“坚决打赢脱贫攻坚战”。2018 年 5 月 31 日,中共中央政治局会议审议《关于打赢脱贫攻坚战三年行动的指导意见》时指出:“必须清醒认识打赢脱贫攻坚战面临的困难和挑战,切实增强责任感和紧迫感,再接再厉、精准施策,以更有力的行动、更扎实的工作,集中力量攻克贫困的难中之难、坚中之坚,确保坚决打赢脱贫这场对如期全面建成小康社会、实现第一个百年奋斗目标具有决定性意义的攻坚战。”①

在精准扶贫过程中,我国地方智库积极投身于这场攻坚战,因此我们选取精准扶贫考察智库的功能作用。此外,精准扶贫的顺利开展也必须依托于全面深化改革的推进,许多地方智库根据党的十八届三中全会的战略部署,在精准扶贫过程中发现改革中的问题,通过全面深化改革推进精准扶贫。

第一节　从我国智库参与扶贫工作的历程看地方智库在我国智库体系中的地位

我国智库,特别是地方智库参与扶贫工作的决策咨询研究已经有 40 年历史,也是在这一过程中,我国的地方决策咨询机构经历了准智库发展时期,并逐步走向成熟。它们发挥自身优势,通过实地考察与数据分析,把扶贫工作中存在的真实情况研究反映出来,结合国家最高领导层的指示,提出了宝贵的政策建议。

一、地方决策咨询机构在全国性扶贫工作中发挥辅助作用

改革开放之初,我国针对贫困地区的扶贫工作就已展开,而当时我国地方决策咨询机构已经参与到相关的决策咨询研究中。1982 年,针对甘肃河西、定西以及宁夏西海固“三西”地区的扶贫工作启动。而在此之前,甘肃省于 1974 年已经对河西和定西两地扶贫工作制定了方案,且在 1978 年开启了相关工作。我国扶贫工作的最初方式是开发式扶贫,这是 1982 年国务院安排专家对甘肃、宁夏、青海三省份进行调研的结果。开发式扶贫就是通过改变原有生产方式,促进贫困地区经济发展,实现贫困地区自身的造血机制,来提高贫

① 新华社.中共中央政治局召开会议[N].人民日报,2018-06-01(1).

困人口的收入和生活水平。地方智库，主要是政府内部的政策研究机构，往往通过积极配合中央调研工作，反映当地实际情况，以这样的方式参与到扶贫的决策咨询工作中。当然，全国性扶贫工作的主要研究力量还是来自中央层面。地方层面虽然提出了扶贫这一议题，并且为中央决策提供了研究方便和参考建议，但是地方层面的建议主要还是来自政府内部，独立于政府的智库尚未发挥作用。

二、在开发式扶贫之外推动保障式扶贫

20 世纪 90 年代末，开发式扶贫虽然取得了巨大成果，但是智库研究工作者也日益发现其中存在的问题。比如开发式扶贫“通过先富带动后富”的设想，实际上并没有充分实现，相反，这种“滴漏效应”也造成了农村地区内部贫富分化或收入分配的差距。富裕农民利用各种扶贫资源，实现了自身富裕，摆脱了贫困；但是部分贫困农民，出于疾病、劳动力缺失等原因，依然无法实现脱贫。这些问题无法通过单一的开发式扶贫得以解决，在有些地区，先期脱贫的农民甚至通过各种方式垄断扶贫资源，导致扶贫资源的分配不均，利用效率降低。出现这些问题以后，我国开始通过加强社会保障来进行扶贫工作。比如在医保方面，推出“新农合”“农村低保”等；养老保险方面，推出农村养老等方式。在开发式扶贫之外，保障式扶贫的推动成为我国扶贫工作的一种有效补充。在这一过程中，地方智库开始发挥其贴近基层的优势。一些农村养老和农村低保政策的执行，往往就是通过地方智库积极深入农村，了解当地贫困户状况和诉求，配合政府测算政府保障支出的成本，由地方试点成功后向全国开始推广的。

三、促进扶贫瞄准机制日益精准

经过几十年扶贫工作的实践探索，我国扶贫工作日益走向精细化，由以县为单位的扶贫工作开始转向以村、户为单位的扶贫，这使得扶贫瞄准的精准度大大提高。扶贫方法的完善，实际上贡献就来自智库工作者。地方智库在这一过程中，能深入村、户一级开展信息收集，为精准扶贫的有效落实做出了重大贡献。而精准扶贫的开展也对智库提出了更高的要求：首先，智库在研究过程中要更加深入农村贫困地区，了解贫困地区的真实情况；其次，智库在研

究方法上也必须更加科学化，比如引入大数据研究等一系列先进科学方法；最后，在这一过程中智库在决策咨询工作之外还增加了桥梁作用，在引导社会、企业等主体介入精准扶贫过程中，也起到了重要作用。对于地方智库而言，在精准扶贫过程中，其熟悉当地、了解基层的特点被进一步强化，同时作为积极服务地方精准扶贫工作的重要组成部分，它们不仅通过研究反映情况，帮助决策，还积极参与到精准扶贫实践中，引导各类社会资源参与到扶贫工作中。《中共中央关于全面深化改革若干重大问题的决定》提出："鼓励农村发展合作经济，扶持发展规模化、专业化、现代化经营，允许财政项目资金直接投向符合条件的合作社，允许财政补助形成的资产转交合作社持有和管护，允许合作社开展信用合作。鼓励和引导工商资本到农村发展适合企业化经营的现代种养业，向农业输入现代生产要素和经营模式。"一些地方智库积极响应中央的政策号召，参与到农村规模化、专业化、现代化经营的研究中，特别是在这个过程中，发现了我国一些现有政策与实际情况并不相适应。比如农村专业化和科技化经营过程中，科技设备安置用地占地大，但是现有农村用地其实并未给予设备用地足够空间，地方智库深入农村发现了此类问题，并及时向政府机关反映，可以说对于精准扶贫的良序发展做出了重要的查漏补缺工作。

第二节　地方智库在精准扶贫中的功能作用

随着我国精准扶贫战略的提出，包括地方智库在内的我国各类智库开始全方位投入精准扶贫工作中，党的十九大报告提出"注重扶贫同扶志、扶智相结合"，进一步为我国精准扶贫工作指明了方向。在参与精准扶贫的工作过程中，我国智库的决策咨询服务主要体现出以下特点：首先，智库和政府之间的决策咨询服务体系逐步形成。地方智库虽然位于基层，但其发挥出了解基层现实的特点，结合中央精准扶贫的战略布局，积极运用全面深化改革相关政策，努力加强服务政府意识，在服务精准扶贫的决策咨询智库体系中起到了重要作用。其次，地方智库逐步将政策研究和扶贫实践相结合，更直接地面对社会，为切实提高地方精准扶贫工作质量做出了巨大贡献。最后，地方智库积极参与智库扶贫工作中的国际交流合作，传播我国精准扶贫的成功经验，借鉴国际减贫经验等，扩大了我国精准扶贫战略的国际影响力。

一、多层次扶贫决策咨询体系逐步形成

在党中央和国务院的动员指导下，我国智库积极参与精准扶贫工作。在实践中，我国智库也逐步形成了多层次的决策咨询体系。总体看，国家层面的智库，包括国家党政智库和全国性高校智库积极配合国家精准扶贫战略的制定；地方智库则反映地方实际情况，为基层发声，同时引导各类资源注入农村贫困地区，积极提升地方精准扶贫的质量。

从研究议题看，地方智库在精准扶贫研究中，其研究对象是多样的。在研究内容上，包括精准扶贫过程中存在的经济、社会、文化、科技创新、生态问题，都成为地方智库在精准扶贫研究中的重要议题。如生态环境发展薄弱的西部地区，其要进行生态移民搬迁，就要对当地生态的真实情况给出科学、客观的评价；安置迁出移民又需要对安置点设立进行通盘考虑，包括土地使用、产业发展、移民培训等问题，都需要地方智库给予决策咨询工作方面的协助。这些实践中具体的问题必须由熟悉地方情况的地方智库参与完成。

总体看，我国地方各级智库在精准扶贫过程中发挥了重要的决策咨询作用。特别是专业化程度较高的智库，它们共同参与精准扶贫研究，针对不同的问题给出各自专业化的决策咨询意见，利用这样的专业化优势，使精准扶贫工作细分为不同的环节，并通过各个环节工作的完善，使整体上的精准扶贫工作取得优异的成果。

二、以积极帮扶投入扶贫工作

在精准扶贫进入到后期阶段，扶贫实践让扶贫工作者意识到，制约贫困户脱贫的另一因素在于贫困户本身，一方面是贫困户的文化水平和职业技能限制其发展，另一方面一些贫困户坐等扶贫款，自己丧失了脱贫的意志。这成为精准扶贫能否胜利完成的重大障碍。因此在精准扶贫工作中，中央层面提出了“扶智”和“扶志”的扶贫方向。在这一指导方针下，地方智库积极响应，通过结对帮扶，组织职业技能培训，协助农村进行文化建设等方式，将无形的智力资源导入贫困地区；同时还注重“扶志”的引导工作，帮助贫困户树立正确的价值观、人生观。

在贫困识别工作中，一般通过贫困指标数据，如户均收入等了解贫困户的贫困情况，但是这种简单地通过数据进行瞄准的方式，同样可能存在由统计差异、数据造假导致的失真情况，另外也无法根据这些数据，切实针对每一贫困户的实际情况按户施策。地方智库可以通过长期跟踪走访，了解贫困户真实情况，对宏观上的扶贫瞄准机制进行有效的补充。

值得注意的是，一些地方智库通过更具前沿性的研究工作，参与到精准扶贫工作中。比如云南省的一些地方智库与全国性重点高校智库合作，针对部分村庄进行细致的研究，并进行整村规划。这类成体系的规划引入行政村在目前看依然具有前沿性，特别是针对乡村进行包括总体规划、基础设施规划、产业规划、社会发展环境规划等细致的规划，可以说切实把粗放型的扶贫工作转变为精细的工作，从另一个侧面增加了扶贫的精准度。

三、在精准扶贫议题上发挥国际影响力

经过几十年的努力，精准扶贫在国际反贫困领域已经得到了认可，可以说中国的扶贫走在了世界前列。通过“引进来，走出去”，地方智库积极吸纳扶贫的国际经验，同时也把中国扶贫的成功模式向世界推广。围绕国家层面的安排部署，地方智库协助国外援助扶贫项目，并从中总结世界扶贫的成果和经验，同时在国际反贫困交流中，组织优秀的精准扶贫智库研究成果向海外推广。此外，我国智库还积极组织国际性反贫困会议，利用地方智库平台，讲好中国的扶贫故事，让世界了解中国在扶贫中取得的成就，并真心实意地向世界其他贫困地区推介中国的反贫困方法。

第三节　地方智库在精准扶贫实践中存在的问题

党的十九大报告继续强调“加强中国特色新型智库建设”，正是因为看到中国特色新型智库建设和发展尚有很大的空间。尽管我国智库建设肇始于改革开放之初，但是从国家治理体系和治理能力现代化的角度看，仍有许多空间有待提高。在地方智库参与精准扶贫战略中，这些不足表现为以下方面。

一、地方智库在精准扶贫中的作用并未充分体现

上海社科院发布的《2017 年全国智库报告》曾对从事“全国小康与精准扶贫”议题研究的智库进行排名，其中大多数智库依然是国家智库，国务院发展研究中心位列第一，农业部农村经济研究中心和中国社会科学院社会发展战略研究院则排名第二和第三。入选这一排名的地方智库只有湖南省社会科学院、云南宏观经济研究院和广西区委党校（行政学院），且位列第八至第十位，而且这三家机构主要位于我国中南部和西南部地区。显然，地方智库在精准扶贫问题的研究中，其质量、地位、能力等均逊色于全国性的智库。而且从区域分布的角度看，地方智库的研究水平也具有较大差异，特别是在扶贫重点地区，如西北地区，其地方智库发展水平并不理想。

表 5－1 上海社科院《2017 年中国智库报告》“全面小康与精准扶贫”研究议题智库排名①

排　名	智　库　名　称
1	国务院发展研究中心
2	农业部农村经济研究中心
3	中国社会科学院社会发展战略研究院
4	中国宏观经济研究院
5	中国人民大学中国扶贫研究院（原反贫困研究中心）
6	浙江大学中国农村发展研究院
7	北京师范大学中国扶贫研究院（原中国扶贫研究中心）
8	湖南省社会科学院
9	云南宏观经济研究院
10	广西区委党校（行政学院）

① 上海社会科学院智库研究中心. 2017 年中国智库报告——影响力排名与政策建议[R]. 上海社会学院，2018：38.

此外，地方智库和企业智库这些体制外智库，没有入选《2017 年中国智库报告》的这一排名。这从另一个角度说明，不仅地方党政智库等体制内智库发展水平有待提高，地方社会智库和企业智库发展状况也很不理想。当然体制外智库在从事精准扶贫这类战略性研究时，很难体现其自身优势。原因可能在于，在调研等方面，无法得到政府机构的协助和支持，另外，它们也无法像体制内智库一样从政府机构获得相关的数据和情报，因此从事精准扶贫研究很难取得优秀成果。

二、地方智库在精准扶贫工作中发挥的作用单一

中国特色新型智库在功能上主要有咨政建言、理论创新、舆论引导、社会服务、公共外交等。地方智库虽然在咨政建言方面取得了较好的成果，但是在理论创新、舆论引导、社会服务和公共外交方面，还存在许多不足，有些环节如实现公共外交功能，甚至存在空白。就精准扶贫工作而言：

首先，地方智库在扶贫政策的宣传上发挥的作用还不充分。党的十九大报告提出“注重扶贫同扶志、扶智相结合”，就是针对贫困人口把政府扶贫当作福利的现象，政府扶贫就脱贫，政府不扶贫就再次陷入贫困的情况。中共中央政治局会议审议《关于打赢脱贫攻坚战三年行动的指导意见》时，进一步指出：“开展扶贫扶志行动，树立脱贫光荣导向，弘扬自尊、自爱、自强精神，提高贫困群众自我发展能力。”地方智库不仅要向贫困户说明如何通过扶贫政策获得扶贫资源，实现脱贫目标，也要让贫困户树立脱贫志向，让贫困户形成脱贫、奔小康、实现富裕的愿望，这是从根本上解决贫困问题的方法。

其次，地方智库对社会宣讲精准扶贫成果也较为欠缺。党的十九大报告指出：“要动员全党全国全社会力量，坚持精准扶贫、精准脱贫。”中共中央政治局召开会议审议《关于打赢脱贫攻坚战三年行动的指导意见》时也指出：“构筑全党全社会扶贫的强大合力。”要在社会中形成全社会参与扶贫的氛围，就要让社会充分了解精准扶贫的重要性，除了舆论宣传之外，地方智库也要承担起这一责任，特别是要讲好扶贫与社会中每个人的关系，使全体人民了解中央的精准扶贫战略对于国家发展的重要性，这样才能形成有利于精准扶贫乃至有利于实现共同富裕的良好的社会环境，并激发全体人民参与精准扶贫的积极性。

最后，地方智库并没有发挥出政府与社会的纽带作用。在精准扶贫工作

中，地方智库并没有很好地发挥智库的平台作用，让智库资源和扶贫资源相结合，换言之，由政府引导、社会参与、基层反馈的多元化智库扶贫体系并没有形成。在这一方面，地方智库其实可以通过努力突破其研究功能，采取举办讲座等形式，使官员、专家、贫困户三方进行对话，让精准扶贫关涉的各类主体充分交流。

三、地方智库应注重地方经验推广

一方面，地方智库在精准扶贫过程中，较注意当地精准扶贫对策的研究，并且主要集中在应用层面，而在一些省区，比如四川、广东等，精准扶贫工作的成果相当丰厚，这就需要地方智库重视理论研究，如果忽视理论，就会导致地方实践缺乏经验总结，无法形成可复制、可推广的经验，也就难以扩大精准扶贫成功经验的推广。另一方面，地方智库缺乏与中央高层联系的渠道，难以通过专报渠道，把自身在精准扶贫过程中遇到的问题或者得出的经验，传递到中央高层决策层。由于地方智库信息上报渠道的缺失，中央也无法了解来自基层的扶贫信息和动态。另外值得一提的是，地方高校智库介入精准扶贫研究时，由于对我国公共政策制定程序的不熟悉，在政策建议上往往缺乏可操作性，无法把政策建议细化为针对具体政府部门的可执行对策，也因此很难将一些政策建议与自身理论优势相结合，从而很难起到理论、经验、成果总结相结合的预期。

第四节　地方智库服务国家战略的经验与启示

积极参与精准扶贫攻坚是我国地方智库参与国家战略的一项重要实例，从中我们看到了地方智库在针对国家战略的决策咨询研究中存在的优势与不足。总结这些经验，可以启发我们进一步加强地方智库的中国特色新型智库建设和创新，采取多种形式利用好智库资源，提高服务精准扶贫的效率。

第一，积极配合中央精准扶贫战略的实施。我国开展扶贫工作几十年来，地方智库一直配合国家扶贫工作的实施。具体来说，一是协助中央了解地方扶贫实际情况，协助扶贫政策的制定；二是利用自身对地方发展情况的了解，结合中央扶贫战略和具体政策，为地方政府制订扶贫计划提供决策咨询服务；

三是为宏观层面精准扶贫工作做出补充,有效加强扶贫的精准度。

第二,积极提升扶贫决策咨询工作的专业化程度。地方智库通过自身专业能力的发挥,协助精准扶贫战略落实到地方。比如以村为单位,进行成体系的规划,使得扶贫工作能够发挥对农村的长期可持续影响,不仅把脱贫作为精准扶贫的目标,也考虑到精准扶贫战略实施以后,农村和脱贫农民长期的发展。不同地方智库也从各自擅长的领域出发献计献策,除了熟悉“三农”问题、以社会研究见长的智库,擅长农村发展、法律研究、环境研究的智库也积极参与到精准扶贫工作中来,这就使得精准扶贫能够在贫困地区和贫困人口诸多方面细化落实,能够更全面地为生产、生活脱贫致富做出有益的指导。

第三,地方智库研究应更贴近决策层。从地方智库参与精准扶贫工作的情况看,地方智库在基层治理和国家治理上的作用还没有完全显现。这一方面是由于目前我国行政体制对地方智库发展还存在一些限制,需要通过行政体制改革,提升地方智库发展的能力。地方智库可以积极展开与国家智库合作,参与国家性的智库联盟,使自身的研究更容易为国家决策层所了解。另一方面,地方智库可以从多方面发挥智库功能。就其决策咨询功能的发挥而言,地方智库不应局限于政策的预先研究,也可以参与到政策评估、社会对政策反馈(如社会调查)的研究中,将智库研究链扩大,进一步发挥自身了解基层、了解地方发展实际情况的优势,从而更好地为决策层服务。

第六章　政府决策专业化下的地方智库建设

“智库生态的多样性包括智库类型多样性、结构多样性和功能多样性。专业性是指不同类型的智库要找准自己的生态位，围绕自己熟悉的领域和业务专长做精做优，开展研究与交流工作，形成独特有序的智库生态系统。”①随着我国经济社会发展，公共政策的研究和制定也越来越专业，全能型智库虽然依旧在我国智库占据重要的位置，但是专业性智库也逐渐崭露头角。我国国家级智库，特别是国家党政智库，其设置往往根据服务国家机关的专业特点，具有较强的专业性。如中国财政科学研究院、中国劳动和社会保障科学研究院等，分别服务于财政部与人力资源和社会保障部，而财政部、人社部的专业管理职能要求其下属智库提供专业性决策咨询服务，这就决定了中国财政科学研究院、中国劳动和社会保障科学研究院等国家党政智库，其研究必然趋向专业化。但是地方智库更注重在国家战略下地方经济、政治、文化、社会、生态等各方面的发展，传统的地方性党政智库，其发展往往存在一定的局限。一方面，智库发展资源相对集中的地方性党政智库，往往需要进行全方位的研究，对特定专业领域的研究相对就成为短板；另一方面，聚焦于地方专业领域的智库，由于往往服务于地方性政府专业部门，行政级别的限制导致其智库发展资源较少，发展水平也受到限制，这成为地方性党政智库的难题。然而随着地方经济、社会、政治、文化、生态的发展，地方政府对决策专业化的要求也逐步提高，特别是聚焦地方自身发展的特点，解决地方发展的具体问题，成为地方智库必须解决的现实问题。但发展过程中，智库在对现实议题的研究和决策咨询中，也逐步形成了对具体问题的系统性认识，并从中逐步抽象出实践性的理论知识。这成为地方智库专业化发展的路径和特征。本章以杭州国际城市学

① 张大卫，张瑾.加快构建中国特色新型智库生态圈[N].人民日报，2016-12-14(20).

研究中心为例,从微观层面考察并呈现地方党政智库在中国特色社会主义新智库建设中探索的专业化发展之路。

第一节 基于城市学理论的智库知识体系建构

杭州国际城市学研究中心(简称“杭州国际城研中心”)是杭州市最为重要的决策咨询机构之一,也是浙江省重要的地方党政智库之一。从杭州国际城研中心的成立和发展历程看,这家智库本身是地方政府工作效率提升过程中,公共政策制定分工细化、公共制策环节增多的产物。政府工作人员将工作精力聚焦到某一特定的领域,定位于某一具体领域的决策咨询研究上,这是促进智库专业化的根本逻辑。

杭州国际城研中心隶属于杭州市委管理,是正局级事业单位,①其主要工作任务是服务于杭州市委、市政府,进行决策咨询研究。与大多数地方党政智库相同,杭州国际城研中心必须围绕杭州市委、市政府关心的决策咨询议题开展研究。而杭州几十年的发展,对于政府而言,最重要的问题便是如何使这座历史文化名城在改革开放中焕发新的发展动力。因此,杭州国际城研中心的研究也就在城市发展这一框架下展开了,并逐渐形成了研究中心自身的研究特色,即以城市发展的诸多领域为研究对象的智库研究。但是我们之所以会选择这家智库的发展作为地方智库发展专业化之路的典型,是因为这家智库并不满足于解决城市发展实践中的具体问题,而是在对一系列具体现实问题开展研究的同时,努力寻找到城市发展中的一般规律,并从理论创新中深入寻找解决城市现实发展中难点问题和热点问题的方案。

对于政府而言,首要的任务是解决公共领域出现的具体问题。杭州市委、市政府在城市发展实践中,遇到的具体问题主要有几类:城市功能完善、城市产业的升级和布局、城市基础设施建设等。因此杭州国际城研中心在服务市委、市政府过程中首先要面对的也是这一系列现实问题。改革开放以来,杭州城市发展首先是一种硬件上的发展,即城市基础设施的发展。一方面是城市

① 上海社会科学院智库研究中心.思想的力量——中国智库案例集萃[M].上海:上海人民出版社,2019:40.

内部的公共基础设施建设，另一方面是依托高铁等的外部基础设施建设，这两方面的基础设施建设最终带动了杭州城市的发展。2015年杭州编制“十三五”规划，围绕规划编制工作，杭州国际城研中心科研人员提出既要“上接天线”，又要“下接地气”，一方面要解决杭州市和浙江省地方发展的问题，另一方面要领会全国发展的趋势和动向，搞清国家发展的战略，以此推进规划编制工作。在城市的物理形态发展或者硬件建设基础之上，城市发展的其他问题会应运而生，包括城市治理和管理、城市产业经济发展、城市社会发展，以及信息技术在城市发展中的应用等。

杭州国际城研中心对杭州城市发展的基本逻辑有着深入的把握，其研究人员没有就杭州城市发展孤立地开展研究。最有意思的研究成果是把浙江省内城市群的发展与高铁建设联系起来，同时将之视为决定杭州城市未来发展的决定因素。高铁发展大大缩短了浙江省内城市之间的通勤时间，这使得城市与城市的关系更加紧密。这种趋势的出现当然有利于浙江全省经济的发展，但是同时也对城市基础设施建设提出了巨大的挑战。杭州市的城市发展布局、基础设施建设质量、产业功能定位等必须围绕这一发展趋势加以明确。应该说，对杭州城市发展背景的这一认识是深入的，对这一独特背景的把握，构成了杭州国际城研中心城市研究的基础，也使得其对于中国的城市发展和城市化具有一种超前的认识。在此基础上，杭州国际城研中心展开了诸多具有创新性的研究。

随着高铁对城市发展带动作用的提升，大量人口会涌入杭州等相对较大的城市，这是城市经济发展的需要，但也带来一个现实的问题，就是住房问题。杭州国际城研中心提出了推动流动人口凭积分承租公租房的政策建议。流动人口获得基本积分主要通过居住证办理、就业登记以及社保缴纳等事项，此外如果流动人口有投资纳税记录、工作年限较长，同时拥有职业技能或者专利创新，这些条件也可以获得加分，但是存在违法行为记录等有损于社会的行为则相应减分，最后通过流动人口的积分高下，决定是否获得承租公租房资格。①

值得关注的是这一决策咨询成果产生的方式。杭州国际城研中心采取了一种通过社会讨论推动智库产品生产的方式，中心向杭州市民征集文章，并通过评选，选出解决相关城市问题的金点子。采取人口积分制解决住房困难问

---

① 上海社会科学院智库研究中心.思想的力量——中国智库案例集萃[M].上海：上海人民出版社，2019：42.

题的方案就来自这场征集活动。这对于智库研究而言，是一个非常有趣的智库社会化的案例。如我们在前文中所提及的，在智库网络平台中，智库是政府与社会的桥梁，智库的专业化来自对社会、市场发展变化的敏锐把握，使得公共政策的制定能顾及公共政策各关联方的利益、认识、观点，从而促进公共政策实现公共利益的最大化。智库专业化的目的在于实现这种公共利益的最大化，而智库社会化则是智库专业化经常采用的方法之一，其目的也是服务于公共政策制定的科学性、客观性、全面性，进而推动智库本身的专业化。通过征文评选寻找解决城市发展问题的方法，是一种智库社会化的大胆尝试，这使得普通城市居民的视角被纳入智库研究中，也使得城市发展问题的解决有了全新的路径。在这次活动中，一位杭州市民提出以流动人口积分的方式解决公租房承租问题，得到了评审专家们的认可。积分制是引导城市新居民正确融入城市的有效方法，积分制的意图在于使新居民为城市做出积极贡献，履行城市居民的义务，从而获得享受和拥有城市资源的权利。特别是在公租房这类稀缺资源的利用上，必须找到一个合理的标准，使对城市有贡献的新居民能拥有相应的权利，也使得城市资源的利用为城市发展带来有益的影响。积分制的使用从简单地与落户挂钩，拓展到更广泛的城市治理领域，而杭州国际城研中心的研究则进一步指出，积分制的使用必须体现三方面的价值。首先，必须切实体现共享的原则，使得城市新居民能享受基本公共服务，以及利用城市的公共资源，除了住房以外，还应包括教育、医疗、文化等公共服务待遇。其次，积分制的使用可以更加多元化，能应对不同场景的需要，比如可以利用到新居民子女入学等方面。最后，需要使获取积分的条件与积分获取后的城市资源分配能匹配，也就是使新居民的义务和权利能对等，不能让他们在履行了城市义务的同时，无法获得相应的城市公共资源利用的权利。在这样的思路之下，城市治理将更为精确。从宏观的角度看，这为流动人口导入城市，有序进入符合流动人口就业、生活偏好的区域，提供了一种方法。从微观层面看，这也体现了城市对新居民的期待，使得新居民能融入城市发展、城市生活和城市文化中，并为城市带来积极的活力，而不是对城市公共资源的利用带来负面影响。

在众多现实研究的基础上，通过归纳总结，杭州国际城研中心深入城市学理论研究中。杭州国际城研中心在杭州城市发展中积累了丰富的经验，而在应用性智库研究的基础上逐步抽象出适合中国城市化发展需要的理论知识，其原因在于两点。一是智库领军专家本身是杭州市的主要领导，对杭州市城市发展情况十分了解，在长期的工作中对城市发展的规律性特征有着清醒的把握和认识。二是杭州国际城研中心不仅参与杭州市城市发展等问题的研究，还参与中国其他地区城市发展的研究和规划中，这就为智库理论性知识的产生奠定了丰富的案例基础。实际上，杭州国际城研中心在城市研究中还吸取了西方城市发展的理论经验，但是在积累了丰富的中国城市化案例的经验基础上，他们对西方理论进行了改进，提出了适合中国特色城市化发展的城市理论。

杭州国际城研中心之所以提出城市发展与高铁建设存在紧密关系，最初是参考了哈里森·弗雷克(Harrison Fraker)提出的“TOD”(Transit Oriented Development)模式。这一理论框架重视交通在城市发展中的意义，通过率先发展公共交通，在交通路网节点区域推动用地和建设与之相配套，从而促进城市合理布局，以公共交通路网的合理性带动城市发展的合理性，避免城市空间无序蔓延，即所谓的“摊大饼”现象。有趣的是，研究发现我国城市发展也完全可借鉴“TOD”模式，而带动区域城市一体化的手段则是高铁建设，但是当城市化发展到较为成熟的阶段，这一模式的合理性就会受到挑战，特别在上海和杭州这样的高度城市化地区。杭州国际城研中心总结出了“XOD”(Xtelligent, Open, Decentralized)模式，这是对原有“TOD”模式的一种完善，甚至是基于中国发展经验的一种改进。在对基础设施类别进行区分以后，可以划分出教育导向、文化导向、医疗健康导向等不同方向，城市建设依然与这些不同导向的基础设施相匹配。在新的模式中，核心变量“交通”被其他更多符合人民需求的基础设施所取代，如商业、文化等，这些基础设施的建设同样会对城市发展带来带动效应，更为关键的是，这些基础设施本身则必须是有利于人民工作、生活的。

反观中国的城镇化进程，快速城镇化的需求与支撑快速城镇化的财政供给往往形成一对矛盾，导致公共基础设施建设投入不足，进而影响城市发展以及城市综合承载力，造成城市功能发展的结构性失调。城镇化发展的融资手段，目前大致有财政预算支出、国有企业经营收益划拨、通过 PPP 方式向社会融资、土地出让金收益以及政府通过各种形式扩大债务等。“XOD”模式是符合市场发展规律的，在这一框架下，政府和市场可以共同参与到城市发展中，而其融资和开发则有赖于 PPP 模式的引入，它能够把政府诉求和社会诉求相结合，使得“XOD”模式成为中国社会内部的一种自发选择。各类不同导向的基础设施建设与土地开发结合，通过 PPP 这一融资创新，最终可以通过扩大土地资产收益或者基础设施的出让收益而得到回报。在这样的发展过程中，城市发展的社会效益和经济收益可以得到保障，生态效益也得以确保。①

城市学核心理论的建构对于智库发展有着十分重要的意义，它在多方面影响着智库的发展。在智库运营上，城市学核心理论基础的确定，可以帮助智库明确自身的定位、服务的对象、研究的重点领域，同时理论的出现也使得某些应用性的核心理念应运而生，在与服务对象沟通时，成为服务对象了解智库价值的窗口，也使得智库的对外营销、对内管理都有了明确的基石。杭州国际城研中心以城市管理者为服务对象，以服务城市有关的公共政策制定为导向，以破解城市发展中的固有难题为目标，积极培养智库研究团队，形成了自身的智库发展特色。在智库知识体系建设上，随着其理论基础的明确，智库的应用性研究也有了明确的方向。围绕城市的规划、城市文化保护、城市的管理和经营，在把握城市发展和建设规律的基础上，制定有效的城市问题解决方案，并着眼于城市未来的长期可持续发展，均使得杭州国际城研中心在智库知识的社会化上有了成体系的操作方案。在研究方法上，杭州国际城研中心也积极探索，围绕城市发展理论，综合性地应用定性研究和定量研究方法，有效确保了智库研究的科学性。此外，杭州国际城研中心在城市发展相关的指数评价研究和数学建模研究上也都取得了诸多成果，为探索"城市病"寻找到了科学的依据。

城市发展是全面深化改革中的重要问题，可以说作为地方智库的杭州国际城研中心在不断摸索杭州、浙江乃至全国其他地区城市发展之路的同时，根据自身研究经验，总结提炼出了一套可复制、可推广的理论模式，并从城市发展的硬实力和软实力两个层面深入城市管理研究中，走出了一条专业化的研究发展之路。

第二节　智库研究的科学化：领军人物、人才培养、研究的模块化

领军人物对于智库起始阶段的建设具有重要作用，杭州国际城研中心的发展与其创始人和领军人物有着密切关系。中心的创始人曾长期担任杭州市主要领导，在其担任领导期间，杭州的城市建设可以说获得了巨大的发展。

① 王国平. 探索"PPP+XOD"复合新型模式[N]. 中国城市报，2016-06-06(8).

2009 年，杭州国际城研中心成立，实际上，这也标志着在从事行政工作多年以后，其创始人将自己的工作重心转移到了智库研究上。杭州国际城研中心对于城镇化初期问题的研究，就很务实地体现在对钱、地、人、行政四方面内容的研究上，即要解决城市发展初期“钱从哪里来”“地从哪里来和往哪里去”“人从哪里来和往哪里去”“手续怎么办”这四大问题，并在务实解决这四个问题的基础上，总结出其自身关于城市发展的思考。①

领军人物的存在，为杭州国际城研中心对接高层次决策咨询服务提供了极大的便利。首先，杭州国际城研中心在向杭州市乃至浙江省报送自身研究成果时有了必要的渠道。其次，研究中心工作受到杭州市和浙江省领导的高度重视，浙江省和杭州市领导多次调研研究中心的工作，对研究中心智库工作的开展提出了殷切要求。最后，领军人物协助多层次智库市场的拓展。除了省内有关城市化和城镇化发展的智库咨询项目外，由于杭州国际城研中心领军人物在决策咨询界的影响力，外省市在城市发展过程中也希望得到杭州国际城研中心的决策咨询服务。

但是智库的长期发展不能只依靠优秀的领军人物，它必须拥有出众的人才造血机制。人才队伍建设首先必须有资金保障，杭州国际城研中心每年获得杭州市财政经费支持 1 200 万元。此外通过市场运营获得横向课题经费，对参与课题研究的智库科研人员进行激励。中心还设立基金会，从社会上募集用于城市学研究的科研经费，并支持城市学研究的人才培养。

除了经费保障，在人才培养上还需要考虑人才专业职级的晋升、智库资源的分配、研究岗位的评聘等诸多方面的问题。杭州国际城研中心充分发挥了智库的网络平台作用，采用专职研究人员与外聘研究人员相结合的人才队伍建设方法，同时依托城市学研究会与更广泛的专家、学者建立合作关系。中心专职人员近 100 人，加上编外智库研究人员以及与智库建立合作关系的专家学者队伍，中心智库研究团队达 500 余人，这支队伍包括专家、学者、访问学者、博士、博士后和硕士研究生。

在办公环境建设上，杭州国际城研中心拥有 2 万平方米的研究大楼、城市博物馆等设施。这些基础设施确保了智库平台功能的发挥。杭州国际城研中心在智库运作中，注重发挥智库学术交流、信息传播的功能，同时也通过这些

① 上海社会科学院智库研究中心. 思想的力量——中国智库案例集萃[M]. 上海：上海人民出版社，2019：39.

设施积极向社会推介自己的智库成果，特别是注重向社会普及城市学基本知识。比如世界城市博物馆建立的目的就在于向公众介绍世界城市发展的历程。同时杭州国际城研中心还与杭州市图书馆一同建立了一个城市学专业图书馆，让公众在对城市发展发生浓厚兴趣的基础上，可以进一步进入对城市学知识的学习和探索中。

杭州国际城研中心还通过智库体制机制建设确立了一套完备的智库研究管理体系。这套制度在智库研究运作推进上体现了一种模块化的科研管理方式。在这套模块化的方式中，形成了模块化的研究加上矩阵式的管理方式。不同领域的专职科研人员、外聘的专家学者以及兼职科研人员都可以灵活组合成研究团队，应对具体的应用性研究课题。这样的智库研究管理方式，打破了传统行政体制安排下，科研团队被分隔，无法发挥单个科研人员独特研究能力的弊病，使得共同应对多样化的智库研究成为可能。此外，杭州国际城研中心还在“模块＋矩阵”的研究管理模式下建立了“研究链”运行机制，把智库的不同功能分开，并重新组合成智库功能生态体系，在这样的体系下，智库科研人员不是简单地从事科研工作，而是同时参与到智库咨询、人才培训、智库成果展示和传播等多个智库功能环节的运作中。在这样的运作体制下，智库所需要的复合型研究人才才能得到充分的锻炼。

第三节　智库专业化建设带来的经验与启示

虽然杭州国际城研中心是一家地方党政智库，但与传统的地方党政智库大而全的研究特点不同，它走出了一条独特的智库发展之路。

一、坚持国家战略与地方实践相统一

以城市为中心的五大文明建设是我国经济社会发展进入新阶段的重要表现，因此党的十八届三中全会明确提出“推进城市建设管理创新”。杭州市在我国城市化进程中积累了丰富的经验。一方面，杭州经历了我国东部城市四十年的城市化发展历程，从计划经济体制下浙江省的省会城市发展为创新产业聚集、市场经济发展活跃、城市现代化水平卓越的东部地区重要节点城市。另一方面，杭州市在经济、政治、社会、文化、生态等方面均不断发展，取得了巨

大成就，城市管理水平日臻提升。在这一过程中，杭州在全国发展战略中找准了自身的位置，发挥了浙江民营经济活跃的优势，同时把浙江山青水绿的生态优势充分转化为发展优势。在这种发展策略背后，离不开杭州国际城研中心这样的智库。杭州国际城研中心把地方发展与国家发展结合起来，找准杭州市乃至浙江省在全国发展中的位置，对其合理评估，使得杭州的发展不仅切合自身需要，更符合国家战略发展方向。

二、坚持走专业化智库发展之路

一是明确研究领域的定位。杭州国际城研中心在杭州市乃至浙江省城市化发展的过程中积累了丰富的实践经验，因此它们选择城市学为智库研究的主战场，并积极在该领域发出自己的声音，扩大影响。二是推动研究流程科学化。在智库研究中，杭州国际城研中心采用模块化管理，使得研究工作科学化，研究负责人可以及时把握和了解各模块的研究情况，加强各模块之间的互动交流，推动智库研究水平的提升。三是注重从实践走向理论。杭州国际城研中心拥有丰富的智库应用研究经验，但是他们并没有止步于此，而是努力从智库研究中提取理论成果，总结城市发展的理论性结论，形成了自身的一套有关中国城市发展的理论和研究路径。这些理论研究成果可以说为之后的智库研究提供了参考框架，也为不同地方的城市化发展提供了可复制、可推广的经验借鉴。

三、坚持走多元化智库功能建设之路

除了服务各级政府进行决策咨询服务，杭州国际城研中心还积极扩大社会影响力，特别是把扩大社会影响力与决策咨询相结合。向社会征集决策方案，不仅让社会了解公共政策制定的困难，也让公众参与到公共政策的制定中来。这种做法的益处是有效宣传了公共政策，使公共政策的决策、制定、颁布和执行真正成为公众共同参与的公共事件。这也成为国家治理的典范案例。此外，杭州国际城研中心还积极扩大自己的学术影响力，通过举办学术会议，一方面积极引导学术为决策咨询服务，另一方面也使基础理论研究为智库研究提供思想资源。

第七章　经济高质量发展下的地方智库建设

地方智库的大发展与我国40多年来的改革开放有着密切的关系。特别是全面深化改革战略实施以来，我国经济、政治、文化、社会、生态等领域发生了巨大变化。而随着五大文明建设的深入，政府面对的现实课题逐步增多，科学决策和专业决策的要求不断增加，推动政府寻求更为专业化的决策咨询服务。这使得地方党政智库等体制内智库开始转变传统的百科全书式发展模式，逐步寻找更为细化的研究领域，并进行精和专的科学研究。一方面是从科学的立场出发，深化决策咨询研究；另一方面也从决策咨询实践中寻找学科发展的新问题、新方向、新启发。

当然，近年来我国地方智库发展的动因也不仅仅在于政府分工的细化、决策的科学化和专业化。应当看到，全面深化改革推动了不同领域的发展，社会主义市场经济体制不断深入使得市场主体更加活跃，智库希望把自己的研讨成果更好、更准确地反映给政府，也是促使地方智库迅速发展的重要力量。张江平台经济研究院正是在这一背景下产生的。

第一节　高质量发展对地方智库专业化的推动

张江平台经济研究院的建立是张江高科技园区发展的必然结果，而张江高科技园区又是我国科技创新领域改革开放的缩影。张江高科技园区成立于1992年，早于浦东开发开放的时间。随着浦东开发开放的深入，张江也成为浦东发展的重要承载地。2011年，张江被列入国家自主创新示范区；2014年，上海自贸区扩区，张江又享受到了自贸区的相应政策。基于张江巨大的发展动力和政策优势，无论政府还是市场，可以说都期望自由贸易示范区和国家自主创新示范区的叠加效应能在张江出现。2017 年《张江科学城建设规划》正式获得批准以后，张江成为上海具有全球影响力科技创新中心的核心承载区。张江科学城的战略目标定位于综合性国家科学中心，之所以称为科学城，一方面，是因为张江能够集聚各类国际水准的科技创新资源，另一方面，也需要张江在城市配套服务上必须呈现高水平的公共服务供给。这样的定位，不仅要求政府单方面地规划和建设科学城，更需要科技创新主体、企业、社会团体、个人共同参与到科学城的建设中。

一、经济高质量发展与科技创新生态体系的形成

在科技创新上，经过多年的发展，张江已经建成一批重大科学设施，如中国第一台第三代同步辐射光源"上海光源"、全球生命科学领域首个综合性大科学设施"蛋白质设施"等。值得注意的是，在这些重大科技基础设施建设的基础上，张江高科技园区围绕信息技术、生物制药、环保产业以及文化创意产业，形成了一个有机的产业生态体系。张江的信息技术产业涵盖了整个产业环节，包括信息技术设计、生产制造、装配，等等，整个产业生态完善合理，产值占全国产业总值的三分之一。此外，张江在信息技术产业上也集聚了一批全球知名企业，包括花旗、印度塔塔、宝信软件等，全球 30 强中有 8 家企业，中国 100 强中有 11 家企业在张江高科技园区设立了机构。在生物制药产业，张江高科技园区同样拥有完备的产业生态链，涵盖生物制药从药物研发、临床试验、注册认证到药物量产等各个环节。近年来一批新药在张江高科技园区研发诞生并获批上市。全球排名前 10 的制药企业中，包括罗氏制药、诺华、辉瑞等都在张江开设了研发机构，相关研发类药企多达 400 家，产业集群规模庞大，是典型的科技创新产业集聚区。

张江汇集了一大批科技创新项目和企业，科技创新要素集聚，但要真正形成一个有机的产业生态体系，就不仅仅要注重硬件设施的完备，还需要在软实力上有所提升，这就需要在高科技园区内形成一种可为各类科创主体接受的治理方式。科技创新的治理与其他公共管理不同，因为科技创新意味着面对未知，而探索未知的创新过程很可能会打破现状，带来经济、产业、社会、行政等各方面制度的变革。面对未知的创新过程，不仅需要政府给予合理的政策支持和科创发展空间，还必须发挥好科研单位、科研人员、科创企业的积极性，

充分发掘各类科创要素的能效，才能在一个高质量发展载体——张江高科技园区内部，形成高效的经济治理环境，最终引致科技创新发展形成合力。

2015 年，随着上海自由贸易示范区和张江自主创新示范区“双自联动”的提出，发挥智库参与公共政策制定的机制便被运用。在张江高科技园区的产业规划、园区重大科创政策制定、科创要素投入方面，智库的积极参与作用均得到了肯定。特别是在张江高科技园区，积极发挥治理优势，提升科创园区的治理能力也成为“双自联动”背景下重要的课题。张江高科技园区管委会希望通过加紧与社会智库的联系，真正实现“有为政府、有效市场”的目标，把该由市场和社会决定的问题交给市场和社会，而社会和市场需要政府解决的公共问题交由政府管理，从而实现政府同社会、市场的双向发力。对于张江高科技园区管委会来说，这种治理模式的落地，有赖于智库以及园区内重点产业的行业协会积极配合和参与，因此需要对这类社会组织给予全力支持。而政府和社会结合的机制，会把各种社会力量调动起来参与治理，就必然需要增加包括智库在内的社会主体的话语权，使他们发声，因此张江平台经济研究院应运而生，可以说它从建院伊始就有着自身明确的定位。

二、张江平台经济研究院体现智库内部治理现代化

张江平台经济研究院是张江高科技园区治理模式的组成部分之一。就智库性质而言，张江平台经济研究院是非营利性的社会公益组织，属于社会智库范畴。在张江高科技园区的科技创新治理中，张江平台经济研究院发挥了智库的网络功能，把政府、企业和各类科技创新主体联系在一起。同时，张江平台经济研究院与政府保持着密切关系，注册于 2014 年的研究院，其主管单位是上海市张江高科技园区管理委员会，研究院领导和领军人物曾长期在政府单位工作，与政府机构保持着紧密的关系。在某种意义上，研究院是张江管委会的智囊机构，直接为张江高科技园区的发展提供决策咨询服务。

此外，张江平台经济研究院也与张江高科技园区内的企业和各类创新主体保持着紧密的联系。平台经济研究院本身是理事会制度，研究院的发展问题由理事会把关决定，而理事会成员主要为张江高科技园区的企业，其中制药类企业包括绿谷制药、药明康德、勃林格殷格翰、罗氏制药、通用药业、微创医疗等，互联网企业包括喜马拉雅、沪江网、河马动画、1 号店等。这些企业在自身所处的行业中都是具有代表性的龙头企业。

通过理事会，这些企业在张江平台经济研究院的运营、研究、发展各个环节都拥有了话语权，可以将自身发展的现实情况和诉求向研究院反映，而研究院在开展研究时，也会在研究过程中考虑这些企业和科技创新主体的诉求，及时向政府部门反映。而反过来，由于企业和科技创新主体通过理事会制度介入张江平台研究院的发展中，使得平台研究院在调研中拥有诸多便利，可以及时了解生物制药、互联网平台企业的产业和企业信息，从而也有助于平台研究院能提供接近现实的决策咨询服务。通过张江平台经济研究院，政府和企业也有了交流对话的渠道。在体制机制上，张江平台经济研究院因为是社会智库，所以相较于传统的地方党政智库而言有着更大的灵活性；而由于与政府的关系紧密，也使其具有与政府沟通的渠道，使其研究成果能及时报送相关政府机构。

张江平台经济研究院具有智库的网络功能，又与政府和科技创新领域各主体有着紧密的交流，这成为张江平台经济研究院推动智库研究的两大优势。张江管委会曾委托张江平台经济研究院撰写《张江外资企业发展报告》，由于平台经济研究院与张江高科技园区内部外资企业保持着紧密的联系，他们在研究中积极走访各类外资企业，并吸引外资企业参与研究，最终形成了一份优秀的智库研究成果。在这份报告中，张江平台经济研究院提出“跨国企业联合孵化器”建设的建议，也就是聚集张江高科技园区内的跨国科技创新资源，在运营指导、技术创新、融资等方面给予尚处于试验阶段的科技创新项目以扶持。这就使具有国际级水准的科技创新资源要素能够共同作用，在张江培育出更多的具有产业化潜能的科技创新成果。

第二节　智库发展与平台经济研究

张江平台经济研究院的发展与张江高科技园区科技创新改革开放高度相关，而其研究也瞄准了园区内部科创发展的新动向、新趋势，即平台经济的发展。此外，在平台经济之外，人才配套政策也是张江平台经济研究院关注的议题。这些议题凸显了张江平台经济研究院来源于市场、服务市场的特点。

一、“张江模式”下平台经济的研究

张江平台经济发展首先是依托于张江公共服务平台的带动，这也是“张江

模式”的一项重要特征。在此基础上，“张江模式”下的平台经济逐步发展起来。

张江高科技园区能形成科技创新的生态体系，最重要的原因在于从园区创建初期就着重于科技创新公共服务平台的建设。科技创新公共服务平台主要针对科技创新中的共性技术进行研究，其研究成果及研究设施具有公共产品和公共服务属性，企业、事业单位或者其他科创主体可以共享研发公共服务平台的设备和技术，进行研发试验、分析检测。正是因为这种公共服务平台建设在数量上形成了一定规模，在质量上达到了一定水准，才使大量科技创新资源要素在张江集聚。张江最早的科技创新公共服务平台是在1999年张江建设初期逐步引入的，包括中科院上海药物所、国家人类基因组南方研究中心、国家新药筛选中心、国家新药安全评价中心、上海新药研究开发中心、上海新药创新中心、国家上海中药制药工程技术研究中心。随后在2015年，张江高科技园区进一步着力支持36家平台的硬件建设和运营服务。这些科技创新公共服务平台涉及的产业领域包括生物制药、集成电路、文化创意以及智能制造等。

这种发展方式本身是值得研究的。而张江平台经济研究院也以此为研究对象，并把基于平台经济的特征写入了自身机构的名称中。他们认为平台经济的发展模式广泛存在于中国经济发展中，各个地方形成了不同特色的平台经济，比如深圳形成了以创业平台为基础的民营高科技企业高速发展的平台经济模式；杭州形成了以互联网平台为基础的电子商务企业大规模发展的平台经济模式。在比较全国各地平台经济发展模式以后，张江平台经济研究院总结了张江的平台经济发展。在产业上，张江平台经济是围绕创新公共服务平台展开的，主要尖端领域包括量子通信、新药研发、脑计划、智能制造、高端集成电路设计和装备等。可以说张江平台经济具有以下特点：一是结合利用上海自贸区和科创中心的政策优势；二是通过公共性的基础研究以及关键领域上的重大突破，推进创新的演化和延伸；三是在科技创新硬件和软件发展基础上，推动人才的集聚；四是通过高素质人才的集聚，建设世界领先的科技城。

在张江平台经济研究院看来，平台经济是基于互联网信息技术发展的一次经济模式革新。在新技术的带动下，经济的业态、模式都发生了连锁性的创新。经济生产组织形式发生了变革，经济行为打破了各种限制，地理距离、产业界限、传统的社会化生产方式对于经济运行的影响都在减弱。通过对海量数据的整合、挖掘，平台经济逐步推动产业的细分和各类型产业之间的融合，而其结果则是在生产和消费两端推动经济效率的提升。但是平台经济创新也催生了另一个层面的问题，作为一种经济发展趋势，它对于政府的经济治理而言是一种挑战。在张江平台经济研究院看来，目前政府的管理模式和政策，与平台经济创新对公共服务的需求是不相匹配的。如何能让企业发展跨境电子商务、跨境支付和跨境融资等活动，享受到自贸区带来的政策优惠，是一个必须面对的问题。而这正是张江平台经济研究院智库研究的目标。张江平台经济研究院建立的目的就是总结平台经济发展的趋势特点，并据此形成与之相适应的公共政策，因此张江平台经济研究院对诸多平台经济的热点问题展开研究，包括大宗商品贸易平台、网上购物平台、互联网金融平台等。其智库研究一方面为政府提供公共政策制定的科学依据，另一方面也帮助互联网平台经济企业发展，改善其营商环境，利用自贸区政策的溢出效应，推动平台经济企业之间的相互融合发展。

二、聚焦医药产业发展的智库研究实例

平台经济研究本身充满了挑战和难点。由于平台经济行业归属不明，属于跨界产业融合的新业态、新模式，因此需要进行产业规划研究以明确发展愿景，也需要进行政策调研以帮助政府进行决策咨询并推进工作，同时还需要以产业研究和项目策划应对平台经济企业整合资源创新发展的需求。企业孵化和“做大做强”都需要了解把握产业发展的特点和趋势，吸引战略投资和风投，也需要加强产业研究和项目策划。特别是应对自贸试验区等新机遇，面对行业竞争的新挑战，必须进行战略研究、产业研究来引导企业和项目的创新发展，并以案例分析和综合评估应对平台经济营商环境改善的需求。张江平台经济研究院通过分类研究，逐步明确了平台经济企业概念的内涵。根据不同平台经济企业的诉求，他们认为在政府提供公共服务时需要注意三方面情况：一是平台经济企业对营商环境的诉求，平台经济企业在创新过程中需要获得政府的牌照和许可，并享受相应的优惠政策。二是平台经济企业希望获得创新资源的支撑，包括对于创新资源的金融扶持、股权激励，政府财政扶持以及政府采购的支持。三是平台经济企业对企业人才生活配套的诉求，包括人才居住环境、子女就学、出入境便利等。对于这些不同类型的诉求，张江平台经济研究院通过调研，都及时传递给了浦东新区政府和相关部门。

张江平台经济研究院在推动张江高科技园区经济高质量发展中的又一个

实例，是推动药品上市许可人持有制度的建立。根据规定，生物制药企业新药上市，必须取得上市许可和生产许可，只有获得“药品生产许可证”的制药企业，才能获得药品批准文号，也就是说必须具备完整的新药研发和生产能力，才能真正从事药物研发，并获得新药上市的资格许可。但是对于张江而言，张江高科技园区内的生物制药企业大多只具有研发功能，却没有生产制药功能。尽管张江能够研制新药，且国家食药监总局批准的新药有三分之一的研发来自张江，但是张江高科技园区企业却只能通过将自己研发新药的专利卖给其他药企来实现生产和上市，真正以张江高科技园区国内药企品牌上市的新药却并不多。①

通过研究，张江平台经济研究院试图解决这一困扰张江发展的难题。在推进此项智库研究的几年时间里，张江平台经济研究院对生物制药企业的这一困境进行了深入研究，形成了可操作的政策建议。即在上海市、浦东新区以及张江管理委员会各级政府以及相关机构的协助下，通过“双自联动”赋予张江高科技园区政策优势，开始试点药物创新代工。具体来说，通过对张江高科技园区内生物制药企业合同的外包，以商业保险形式对风险加以保障，同时张江管理局还设立风险保障资金，对注册在张江高科技园区且拥有药品上市许可证的企业以及受委托生产新药的项目给予风险救济。此外，与国际对标的商业化研发与产品责任险也开始实施。

三、围绕平台经济促进人才集聚的研究实例

人才是关系到张江高科技园区科技创新能否不断涌出、园区能否可持续发展的首要课题。对于科技创新而言，科研基础设施以及资金甚至都不是最重要的科技创新因素，科技创新首先在于人们思想的创造，因此如何发挥人才的创造性才是园区发展最关心的问题。但是这个问题却曾经一直困扰浦东新区政府和张江高科技园区管委会。由于国籍、户籍限制，以及由此引发的人才子女入学问题，加之人才激励、人才居住等一系列问题，都对张江的科技创新发展有着影响。为了促进人才在张江高科技园区集聚，切实解决高层次人才的各方面困难，张江平台经济研究院也聚焦人才发展，承接了不少国家级和市

---

① 上海社会科学院智库研究中心.思想的力量——中国智库案例集萃[M].上海：上海人民出版社，2019：167.

级课题，并取得了一批具有一定影响力的决策咨询成果。张江平台经济研究院在比较上海与其他省市科创环境和吸引人才政策的基础上，提出包括“绿卡”、直接落户等人才激励的具体方案，许多政策建议被上海市的人才政策所接受和吸纳。张江平台经济研究院还协助上海市委组织部对上海市 32 个创新创业基地进行调研，切实了解创新基地在吸引人才过程中存在的问题。这些都对张江平台经济研究院的人才创造性研究及相关政策的落实产生了深远影响。

第三节　地方智库专业化发展的成果与启示

从经济角度看，园区内部平台经济的发展充分体现了新发展理念。张江高科技园区科技创新生态的形成本身是高质量发展的产物，在技术创新的前提下，园区内部通过对公共服务平台的共享，使得技术创新外溢，进而引发更为广泛的创新活动，包括技术的再创新、经济业态创新、经济模式创新，等等。同时借助自贸区政策，张江高科技园区向国际、国内开放，积极吸引各类科技创新要素在张江集聚。从园区治理的角度看，园区构建了一个由政府、企业、各类科创主体参与的治理网络，使得对园区发展的诸多问题可以在相互协同的条件下加以处理。而无论在经济发展上，还是在园区治理上，张江平台经济研究院都在园区科创生态的建设上发挥了重要的作用。当然张江平台经济研究院之所以能发挥重要的作用，最关键的还是其智库网络平台优势。这一优势使得研究院在园区内部治理中承担重要的作用，是政府同企业、各类科技创新主体之间的桥梁。在智库研究上，张江平台研究院熟悉政府政策，又能及时了解张江高科技园区内企业和各科技创新主体的具体情况，理解他们的诉求，因此在决策咨询过程中，能找到政府与市场的平衡点。总的来说，张江平台经济研究院的发展与高质量发展状态下科技创新发展的现实高度相关。作为智库，张江平台经济研究院可以说既积极地参与到了科创园区的治理工作，又以智库研究推动了市场化，真正让市场在资源配置中发挥决定性的作用。

一、智库建设紧贴科技创新发展

张江平台经济研究院的成立与发展，是我国科技创新领域改革开放的必然结果，它的智库建设也体现了经济高质量发展过程中，对经济治理现代化的需求。可以说张江平台经济研究院在智库治理、智库研究、智库服务等诸多方面，都紧贴科技创新和产业创新的现实。在智库治理中，将一批高端科技创新企业吸纳进来，使智库成为高新企业的代言人。在智库研究中，针对科技创新发展中的前沿性产业政策等难题，根据企业对科技创新要素的需求，对企业发展相关配套问题进行研究。在智库服务中，积极把高新企业对政策的合理需求告知政府。可以说这样贴近现实的智库发展方式，是社会智库和企业智库这类体制外地方智库发展的优势，张江平台经济研究院作为这种智库发展模式的优秀示范，可以使政策制定者及时了解经济社会发展的实际情况，从而科学治策。

二、智库研究体现高度专业化

正因为张江平台经济研究院深耕于张江高科技园区的科技创新发展与高新产业发展，其贴近现实的研究必然使其具有高度专业化的决策咨询特色。在医药等领域的产业政策研究方面，张江平台经济研究院能归纳医药产业发展的特点，及时反应医药产业发展趋势，厘清产业发展的困难，提出有针对性的决策咨询意见。这样的智库研究体现了智库专业化发展的趋势。此外，张江平台经济研究院把研究议题聚焦于平台经济这一问题上，集中精力探索与平台经济相关的公共政策问题，在智库产品生产上的高度聚焦必然强化其研究的专门化程度，并进而提升其专业化水准。

三、智库服务联通政府和企业

事实上，张江平台经济研究院在智库功能上也体现出平台的特点。其领军人物陈炜长年供职于政府机构，熟悉政府公共政策决策和运作机制，了解政府的政策需求。其研究团队也具备丰富的为政府决策咨询提供服务的经验。而正如上文所说，张江平台经济研究院也了解市场变动的实际情况，其理事成员单位多来自张江高科技园区内部高新技术企业。这样，张江平台经济研究院就成了联通政府和企业的桥梁，能够在企业政策需求和政府决策的关注点之间找到契合点，能够生产出高质量的智库成果。从更高层面讲，张江平台经济研究院本身是我国高新技术产业园区内部经济治理现代化的一种体现，在这一治理模式中，政府、企业、智库共同参与，使得公共政策决策得以向现代化、科学化、高效化的方向发展。

第八章　地方智库发展的新动向

在中国特色新型智库建设中，地方智库发展存在许多创新趋势。本书所讨论的地方智库的类别、特征仅代表地方智库发展过程中的当前形态。地方智库的发展本身存在多种变化，我们选取新型城市智库和媒体智库对地方智库的一些创新和变化进行研究，但是地方智库的变化是多样的，这一章的研究只是揭示了其中的一些动态。

第一节　新型城市智库的出现

在我国的区域和地方发展中，最重要的课题就是城市化问题。我们已经看到诸如杭州国际城市研究中心在城市学方面的研究，为杭州乃至全国的城市发展都做出了智库研究示范。我国各个地方都有不同的城市化和城市发展任务，比如东部沿海地区，城市化的任务体现在深度城市化，中部地区，体现在如何加快城市化步伐，更好地实现经济的高质量发展、区域的工业化和信息化。中国区域、地方、城市在发展程度上的不同，也体现在城市化发展的不同上，也因此催生了不同的新型城市智库。

一、新型城市智库出现的背景

新型城市智库的出现与发展，可以说与我国城市发展、智库功能发展、科技手段提升等维度的变化趋势有着紧密的关系。

（一）我国城市发展面临新阶段

改革开放以来，我国城市发展和城镇化为国家经济发展提供了巨大的动力，在经济实力提升的同时，城市发展也逐步与世界城市体系接轨，城市面貌大踏步提高，城市生活日新月异。党的十九大以后，我国城市发展迎来新阶段。首先是区域内单点极化发展的局面逐步演变为区域内的城市群发展。改革开放初期，区域经济社会发展围绕重点城市推开的极化发展模式，随着中心重点城市逐步走向成熟，并辐射周边城市，也就是由重点城市带动周边城市发展，逐步演变为区域内不同城市多点齐头并进的发展模式。由于我国城市发展总体水平的提升，区域协同成为城市发展的新问题。在我国城市化发展的初期，中小城镇由于发展能级低，往往通过同质化发展，共享各类发展资源，并形成经济、产业发展的合力。当城市能级进一步提升，这种共享逐步向竞争转变，区域内城市间对资源的争夺加剧。在这种情况下，党的十八届三中全会提出“建立和完善跨区域城市发展协调机制”；党的十九大提出“建立更加有效的区域协调发展新机制”；党的十九届四中全会明确提出“构建区域协调发展新机制，形成主体功能明显、优势互补、高质量发展的区域经济布局”。从党的十九届五中全会看，推进区域协调发展和新型城镇化已经成为“十四五”期间经济社会发展的重要任务，“推进京津冀协同发展、长江经济带发展、粤港澳大湾区建设、长三角一体化发展，打造创新平台和新增长极”，以及“健全区域战略统筹、市场一体化发展、区域合作互助、区际利益补偿等机制，更好促进发达地区和欠发达地区、东中西部和东北地区共同发展”，一系列具体任务成为城市发展亟待面对的课题。

（二）城市内部治理成为城市发展中的重要课题

“十四五”期间，在习近平新时代中国特色社会主义思想指导下，城市治理中也必须统筹经济建设、政治法治建设、文化建设、社会建设和生态文明建设。随着我国重要节点性中心城市逐步融入全球城市和世界城市体系，城市经济的高质量发展问题，城市硬实力和软实力影响问题，城市的社会治理问题，城市生态修复问题随之出现，这些问题如何在城市的物力、地理、规划框架下得到圆满解答，成为城市研究中的重要课题。

2012 年以后，随着我国城市化率超过 50%，我国已经逐步进入城市型国家，城市居住人口总量已经超过农村，城市成为国家经济、社会、政治、文化、生态建设发展的主要载体。城市研究的重要意义也逐步凸显出来。

（三）国家治理现代化对新型智库建设提出新要求

国家治理体系和治理能力现代化要求智库在公共政策制定过程中扮演更加重要的角色。随着国家治理体系的完善，国家治理能力的提升，政府必然更加重视智库、信任智库、善用智库，并要求智库参与到公共政策的研究论证、风险评估、政策效果评估工作中。在公共政策从前期研究、决策制定、政策发布到政策效果评估、政策意见反馈的各个环节中，智库咨政建言将贯穿决策前、决策中、决策后。就新型智库建设而言，智库体系建设还需要明确各层次、各类别、各领域智库定位，避免智库布局结构重复建设。这就要求在单个智库发展中注重专业化导向，走高精尖发展之路。智库在具体研究建设过程中，必须强调战略研究、纵深研究、前瞻研究，从国家宏观战略出发，结合自身面对的实际问题，进行精专深透的研究。

（四）科技发展为城市智库研究提供新手段

一方面是科技影响了城市智库研究的对象。从个人层面看，科技整合了个人城市生活中的碎片化时间，通过算法更新、算力提升等，科技提升了城市服务，并将之渗透到了个人生活的各个层面。从城市运作看，数字城市、智慧城市调动被优化配置了的各类城市资源，使城市生命力空前增大。从经济产业看，新技术带动了经济模式、经济业态创新，产业边界日益模糊，生产和消费的二元分割被打破，城市经济的高质量发展成为可能。另一方面是科技强化了智库研究的手段。在智库研究流程上，模块化流程管理，使科技思维渗透到智库科研进程的动态管理中，促使智库各层面的研究从分散走向融合。在研究数据处理上，算法和算力改进，推动基础性数据的收集、整理和分析更为严谨客观，这使得智库向创新型方向发展。

二、新型城市智库的概念

基于我国城市发展趋势的变迁，中国特色新型智库在国家治理中地位的提升，以及高科技带给智库研究对象和研究手段的变化，使得新型城市智库的内涵边界得以确定。

（一）研究对象上着眼城市发展新问题

一是紧抓我国城市发展历史阶段出现的新问题。从我国城市发展体系出发，新型智库需要探讨各类城市在城市型国家中的功能定位，并由此出发研究解决各类城市内部在经济、法治、文化、生态、社会治理中的问题。二是紧扣我国城市结构布局出现的新问题。从我国经济资源、人口变动、地理资源、文化禀赋等各层面处理城市间发展问题，聚焦区域协同、城市群等领域，避免城市发展的恶性竞争，让城市间关系向良性互动发展，提升区域综合发展效能。三是紧跟国家发展战略明确城市发展方向。从国家发展战略的角度，考虑不同城市在国家发展中的任务、禀赋、挑战，从我国国家制度和国家治理体系的显著优势考虑城市发展与国家发展的关系，城市发展不仅要突出地方特色、区域特色，更要体现国家战略发展的全局性、中国特色社会主义制度的优越性、以人民为中心的民主性。

（二）运作方式上体现智库发展新趋势

一是智库内部治理提升智库发展质量。通过智库改革创新，突破人才队伍建设、财务、科研体制机制堵点，确立符合智库运行规律、灵活高效的现代科研管理体制，激发智库活力，激活智库研究人员创造力。二是智库平台建设优化智库资源调配。通过智库平台化运营，吸引科研经费、人才、数据在智库平台集成，通过机制创新推动智库研究水平提升，智库研究内容丰富，智库各类影响提高。三是智库网络建设强化智库治理作用。一方面，智库通过联合研究加强决策咨询和理论建设能力；另一方面，智库突破传统的研究定位，更为直接地参与国家治理，在政府、社会与市场、个人之间扮演桥梁的角色，促进国家意志和社会共识的统一，更为有效地服务于国家治理效能的发挥。

（三）智库研究上利用科技创新手段

一是智库研究方法的创新。积极吸纳国际领先的智库研究方法，比如布鲁金斯学会的“布鲁金斯学会模式”、兰德公司的系统分析法、情境规划法等一系列国际顶端智库采用的创新方法，服务于城市问题研究。二是利用先进技术促进智库产品形态创新。比如，利用数据挖掘方法对分布式海量数据开展数据分析，通过可视化技术丰富智库研究成果形式，优化智库产品形态。三是加强智库科研推进管理科技化。利用科学管理手段，促进智库研究模块化，并使不同科研模块在同一平台实现集成，有效推动局部研究和整体研究的统一，实现科研的动态化管理。

三、新型城市智库的功能

从新型城市智库的概念内涵出发，新型城市智库作为中国特色新型智库体系的重要组成部分，在咨政决策、学术理论、社会影响、国际交流方面同样发挥了重要功能。与其他智库不同的是，基于自身的独特性，新型城市智库功能也具有自身独有的特征。

（一）咨政决策功能突出综合特征

从整体看，城市是人民生活的载体，是人民幸福感的依托，而人民对于美好生活的向往是综合性的，因此城市发展在经济建设、法治建设、文化建设、社会建设、生态建设各方面均不可偏废。具体来看，城市发展是对每项具体的城市问题进行改进和完善，这些具体问题可能兼具经济、法治、文化、社会、生态多方面的属性。比如城市地摊经济是经济问题，更是民生社会问题，既是城市文化趣味的体现，也会对市容生态产生影响，解决完善这个问题，又必须遵循法治的方式，所以多方参与使之发挥对城市发展的正效应是合理的治理方式，也是咨政建言的关键。从城市发展的前瞻性角度看，只有对城市发展各方面进行综合把握，才能对城市发展的整体趋势进行有效判断。从服务国家战略的角度看，一方面，需要认识到贯彻国家战略，是将国家的战略方针综合性地渗透到城市发展的方方面面；另一方面，城市服务国家战略必须综合权衡城市禀赋条件，突出自身优势，弥补自身短板。

（二）学术研究功能彰显专业特征

新型城市智库在决策功能上的综合特征必须以其在城市发展理论研究上的专业性为保障，否则无法彰显新型城市智库在决策咨询上的战略性、前瞻性、储备性。在学科界限上，尽管城市理论研究也兼具经济、法治、文化、社会、生态等多个学科方向，但是这些理论还是都围绕城市问题。比如城市经济发展当然运用经济学理论，但是更注重城市经济现象的理论总结和归纳；比如总部经济、平台经济、城市产业集群等，其理论问题也都以城市为约束条件。这些城市理论研究注重城市发展规律的总结，在对不同时期城市发展有形材料的收集基础上，描述城市发展的规律，对城市发展趋势加以把握，对城市发展的未来进行预测。同时也由单个城市发展向多个城市间关系、城市群问题和城市体系问题延伸，总结区域发展规律。

（三）社会影响功能体现复合特征

新型城市智库社会影响力体现在多方面，由于新型城市智库本身是城市生活和城市发展的主体之一，其运作本身就会参与到城市发展过程中。在公共政策服务上，新型城市智库发挥自身扎根城市、依托城市、服务城市的特点，除了传统的决策咨询功能，还要充当政府和城市各团体以及市民之间的桥梁，一方面是帮助政府宣传政策，另一方面是协助城市团体和市民了解政策，促进公共政策能更为有效地发挥作用。在城市治理功能上，新型城市智库还努力推动城市各阶层的交流，加深各阶层的城市认同，促进城市价值观的形成，通过具体问题，推进各类社会主体以及市民对城市发展形成共识。

（四）对外交流功能侧重城际特征

在新型城市智库的诸多功能中，对外交流功能应该受到更多重视。要打破习惯性认识的束缚，即认为以城市发展为研究对象的智库在对外交流上也主要从事智库产品和学术成果的交流，或者只有国家级智库，特别是以外交为研究对象的智库才具有“二轨外交”功能。新型城市智库要依托国际性的城际交流，拓展交流内容，不能仅限于智库或理论成果的交流，而要把智库产品的交流拓展到文化交流的层面，在文化交流层面适当探索促进“二轨外交”的可能性。比如成都市经济发展研究院就依托“南方丝绸之路”和“一带一路”倡议，拓展与沿线城市智库进行交流，从城市实际问题出发，逐步拓展交流内容的外延。应该认识到，外交不仅是国家之间宏观性的交流，也应包含中观层面的城际交流，毕竟城市实力是国家实力的载体之一。

（五）智库成长功能结合城市发展

新型城市智库建设既是城市高质量发展的结果，也是城市软实力提升的动力。智库成长必须依托城市发展，智库资源调配能力的提升有赖于城市对资源要素的集聚。智库发展需要的人才、经费、运营渠道都与城市对人才、资金、数字等资源要素的集成情况紧密相关。同时，智库是城市发展的体现，是城市文化软实力的重要载体。总的来说智库成长应该凸显与城市发展的互动特征。

四、新型城市智库的涌现

改革开放以后，中国的城市发展可以说是国家发展的缩影，在城市发展中，涌现出与经济、政治、文化、社会、生态相关的一系列发展问题，在城市的框架下研究这些问题成为新型城市智库的任务。而在对城市发展相关问题的研究过程中，这些新型城市智库也形成了自身的特色。

上海全球城市研究院是由上海市委决策咨询委员会主管的首家政府重点智库，主要为上海市政府提供上海城市能级和核心竞争力提升的学术研究和决策咨询服务，是一个具有开放性和国际化特征的政府智库平台。[①] 研究院从 2019 年就开始发布《全球城市发展报告》《全球城市发展指数》等系列研究成果，组织编译了一系列全球城市研究的外文资料，还持续编译《全球城市前言情报》。研究院除了依托全球城市研究理事会、全球城市指数编制团队外，还与上海图书馆、上海情报所联合建立“全球城市数据分析中心”，旨在监测全球城市发展的最新动态；与上海地方志办公室联合建立“全球城市案例研究中心”，旨在梳理全球顶级城市发展的经验和教训。除了对全球城市的信息收集和分析外，上海全球城市研究院还突出理论研究，创办《全球城市研究》期刊，在国内外公开发行。

又比如，成都市经济发展研究院，属于服务成都地区发展的地方智库。但地处成都这一中国西南地区的发展中心城市和“一带一路”倡议南进的重要节点城市，成都经济发展研究院则从做好“国家战略地方版”出发，进行了许多具有优势的研究，比如自贸区、信息化、新型城镇化、区域协调发展等。成都经济发展研究院将地方经验提升到国家层面，实现“立足成都、关注四川、放眼西南、走向全球”的战略高度。与此同时，成都经济发展研究院把成都发展的经验，逐步扩展到对四川省和西南其他省份城市发展的研究中，逐步把自身积累的新兴城市发展理论经验变成可操作、可借鉴的思想资源，支撑西南地区其他城市的发展。

除了上海全球城市研究院、成都市经济发展研究院以外，杭州国际城市学研究中心、贵阳创新研究院等一系列智库均以新型城市发展研究为目标，这也是我国地方智库发展的一种新趋势。这类智库的发展与我国城市化发展的进

① 参见上海全球城市研究院官网，https://sigc.shnu.edu.cn/26767/list.htm.

程相辅相成,而这种智库发展的新动态还有待进一步的跟踪研究。

第二节　媒体智库的发展

从动态的角度看,媒体智库更应该说是媒体的智库化。在我国地方智库发展中,一些媒体开始转型成为智库,或者开始逐步发挥媒体的智库功能。这个趋势是一个有趣的现象。

一、媒体智库化的推动因素

本书已对国家治理现代化的一些特点进行了理论分析,在此背景下,原有单向的公共政策制定方式发生了改变,在智库平台的协助下,公共政策所涉及的利益相关方、专家学者都被引入公共政策制定的过程中。同时,在国家治理现代化中,行政体制内部的分工越发精细,出现了许多细分的领域,决策咨询便是其中之一,而从事决策咨询工作的智库有些被保留在行政体制内部,有些则逐步外化。无论是留在行政体制内部的智库,还是外化到行政体制外的智库,它们在国家治理现代化的过程中,都发挥了自身的作用,构成了中国特色新型智库的生态体系。中国特色新型智库不仅承担着决策咨询职能,为政府和公共机构的政策制定提供智力和知识支撑,还发挥着学术影响力、社会影响力与国际影响力。在国家治理现代化框架下,政府公共政策工作不再局限于政策的制定,还需要进行政策宣传、政策反馈、政策评估、政策完善和修订,甚至更多环节。那么,是否这些新增的治策环节都应该由智库完成?比如政策宣传和政策反馈是否和决策咨询一样,也是智库所擅长的工作?

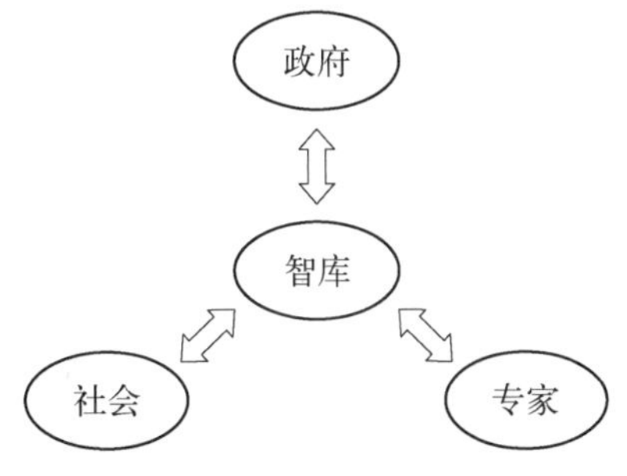

图 8-1　围绕媒体形成的信息交流网络

报纸、杂志、广播、电视这些传统媒体历来承担着宣传国家和地方政策的任务。在科技创新带来媒体传播方式创新后,传统媒体拥有了更多运作方式和宣传手段,但是其功能始终没有变化。在政策宣传甚至政策反馈上,媒体似乎比智库更具有优势。而有意思的是,类似于智库,在我国国家治理体系和治理能力现代化建设进程中，媒体同样扮演着纽带和桥梁的角色，沟通政府、专家、社会，它具有与智库相同的平台结构。

那么，以媒体为中心的平台结构能否转变成类似智库的平台呢？事实上，媒体的智库化首先来源于媒体的政策宣传作用。媒体聘请智库专家和学者对公共政策进行解释，对公共政策制定的原因进行分析，在这个过程中，使得智库知识社会化和普及化。使社会和公众了解公共政策及其制定原因，可以在一定程度上推动政策的实施，打消社会和公众对某些政策的偏见，减轻政策执行中的阻力，最终实现政策效益的最大化。同时，媒体在宣传政策的同时，也可以了解社会公众对政策的想法，有些或许是政府和智库专家都未想到的，这就形成了对政策的反馈，对于政策的进一步完善起到积极的作用。此外，媒体在聘请不同专家对政策、重要智库议题进行分析评论的同时，也为专家研究成果展示提供了窗口，也让政府了解到各方面的智库产品信息，这就使得媒体可以通过社会影响力的增加提升决策影响力。这种运营模式成为媒体智库化的重要途径。

媒体本身具有品牌效应。由于其信息传播和知识普及的功能，吸引了大量的受众，并且在社会公众中具有公信力，这种品牌效应较易转化为智库的影响力，并最终促使媒体智库迅速成长。当然对于智库创新而言，媒体智库主要通过其传播方式带动。特别是在互联网技术高速发展的今天，新传播技术带来了传播方式的革新，这会引起全方位的智库传播方式的变革。

二、媒体的智库创新

在地方智库发展中涌现了许多媒体智库，比如第一财经研究院、澎湃研究院、东方智库、深圳报业集团的深新传播智库。这些智库大多属于国有传媒企业的内部机构，本身承担着新闻传播的职能。作为地方智库，它们的创新可以体现在以下三方面。

（一）以媒体信息采集奠定智库发展基础

媒体智库利用自身的传播渠道，可以广泛收集信息，这些信息原先主要用于新闻制作，而在智库建设中则成为智库信息的来源。2020 年，东方智库发布原创国际时评文章 495 篇，题材涵盖 39 个国家和地区、11 个国际组织，这些都构成了智库建设的信息基础。新闻制作的过程同时成为智库产品生产的过程。《深圳特区报》就利用大数据对党报头版新闻热词进行分析，透过新闻热词看深圳发展，并提出分四个阶段解读深圳经济社会发展，以此审视政府政策的发展逻辑，为政府政策提供决策参考。这实际上已经成为一种智库研究的方式，且带来了优秀的智库研究产品。

（二）以全新传播方式改变智库产品的呈现形式

从事决策咨询的智库，主要通过撰写报告将研究成果以文字的方式呈现出来。而媒体智库则借助高科技的传媒手段，实现智库研究成果的可视化等。东方智库通过打造媒体智库社群型“会客厅”，利用可视化的传播手段，让专家现场讲解其智库研究成果。东方智库还通过东方网媒体融合平台，制作智库型视频和音频节目，使智库专家呈现在媒体受众的面前。这不仅改变了智库产品的呈现形式，也对专家的素养提出了更高的要求。专家必须拥有适合媒体传播的讲解能力，充分了解媒体受众的知识特点，这样才有利于智库产品的传播，而这对于专家而言，无疑也是一种挑战。

（三）强调用户导向

媒体智库的主要作用是实现智库产品的传播，为公共政策宣传提供渠道，进而实现公共政策效益的最大化。在这个过程中，必须充分考虑社会公众的接受能力，这使得智库产品的呈现不再是以政府或者智库专家为中心。在这一方面，东方智库推出的智库音频产品，就考虑到听众每收听 7.5 分钟会出现一次注意力低谷的特点，把音频内容控制在 1 700 字以内，时长小于 7 分钟。同时选择具有亲和力的女性主播进行朗读，以提高听众收听的舒适度。这些可听的智库产品每项平均拥有 10 万多人次收听量，应该说是普通智库产品无法达到的。

实际上，地方媒体智库的创新在未来还具有极大的潜力可以挖掘。一是媒体对于专家和公众的吸引力。地方媒体智库利用自身媒体的品牌优势和公信力，较易吸引专家参与到媒体智库的建设中，同时由于拥有较好的社会声誉，其关注度也有利于媒体进行新闻调查，并进一步转化为智库性的调研活动。二是媒体新科技的运用。媒体改变了智库产品的呈现方式，在科技手段不断改进媒体传播方式的今天，一批新的媒体技术有待被用于智库产品的传播。比如虚拟、增强、混合现实技术等，这些技术的应用不仅使得智库产品的呈现具有可视性、可感性，还增加了智库产品传播的互动性，甚至对于智库研究也会带来较大影响，比如可以使研究者的感性认识更具综合性，角度更为多元。三是智库运作模式的创新。媒体平台的吸引力以及聚集智库资源的能力都要强于其他智库，如果媒体智库打破专家、公众之间的界限，创造更多治理主体相互交流的机会，新的智库议题、智库研究的视角就会在这种多元交流中产生，进而推动智库研究创新。

第九章　进一步发挥地方智库决策咨询作用的对策建议

前文从多个层面说明我国地方智库参与决策咨询并推动全面深化改革工作的情况。在宏观层面，笔者以地方智库参与我国精准扶贫工作为例，说明地方智库如何为政府推动精准扶贫工作服务；在中观层面，笔者介绍了广西智库如何推动改革工作的情况；在微观层面，笔者介绍了两家地方智库，它们分别代表了地方党政智库和地方社会智库，并探讨了它们与改革的关系，即改革如何推动了智库建设，而智库又如何通过自身的决策咨询工作进一步深化了改革。同时，笔者也注意到地方智库尚存在诸多不足。

第一，各级政府对地方智库发展的扶持力度依然不大。一是地方智库，特别是地方社会智库和企业智库，它们的研究成果很难被政府获知。一些反映地方新发展、市场新动向和社会新趋势的信息难以向省部级政府，甚至中央政府报送。二是地方智库难以参与较高级别的政府课题研究。比如一些地方智库难以参与国家课题、省部级课题的申请，尽管它们在一些领域具备研究优势，但是一些重大课题申请门槛过高，降低了这些智库参与省部级乃至国家课题的申请热情。三是地方智库依然较难从政府获取研究资源。一方面，部分地方智库在研究过程中存在调研难的情况，除了地方党政智库在各级地方政府委托研究过程中可以在调研中获得一定的支持，其他各类智库在深入基层进行田野调查时，都需要消耗较大精力、成本，地方各级政府对这些智库的自主研究支撑力度可以说都不大。另一方面，各级政府数据信息公开工作不充分，使得地方智库很难贴近政府需求，也因此导致其研究缺乏针对性，很难获得高质量的成果。

第二，地方智库的发展能级依然不高。智库的发展能级体现在诸多方面。在内部治理上，一些地方智库，特别是社会智库和企业智库，内部治理混乱，往往需要外部投资对其输血才能进行研究，无法形成合理的研究质量监控、成果评议、人员考核和人才培养机制。在研究质量上，一些智库通过盲目扩大社会影响力维持自身运作，导致智库研究庸俗化，甚至哗众取宠，盲目追求社会吸引力。在智库资源集聚上，许多智库徒有其表，发展所需的资金、人才、数据和信息等资源都较缺乏，智库运作也因此往往存在短期化趋势。

第三，地方智库的应用性专业化程度依然不高。一是地方智库追求大而全的研究依然较为普遍。比如地方党政智库为服务政府决策咨询，许多研究较为强调短期性和应急性，这使得地方党政智库必须具备百科全书式的研究能力，但是在智库研究高度专门化和专业化的今天，要做到这一点并不容易。二是理论创新转化程度不高。比如地方高校智库的研究往往从学科理论出发研究现实问题，距离经济社会现实较远，在“接地气”方面依然不足，应用性的专业化程度也并不高。三是社会智库和企业智库无法进行长期研究。体制外智库陷入自身运作的困难，在课题研究上往往“拣到篮子里都是菜”，对于特定领域的研究难以深入，无法进行长期研究，影响其专业化程度的提高。

针对地方智库存在的这些问题，笔者提出相应对策建议。

第一节　进一步完善智库服务市场体系建设

成熟的智库服务市场体系应该在市场主体、市场环境建设上下功夫。同时由于智库行业发展的特殊性，智库研究有赖于行政体制的进一步改革，需要通过政府加大对智库服务的购买力度才能实现智库服务市场的繁荣。

一、推动部分公共治策环节外部化，打造智库服务链

（一）提升政府公共政策制定的科学性，增强政府对智库服务的需求

在国家治理体系和治理能力现代化的大背景下，公共治策过程必然是向科学化、专业化、精准化方向转变。公共治策过程逐步分解为公共政策制定、政策宣传、政策社会反馈、政策调整、政策绩效评估等多个环节，而每个环节又可以进一步细分，如公共政策制定就包含预研究、信息情报收集、政策利益相关方摸底等。国家治理现代化势必使公共政策制定的复杂性增强，完全由政府完成公共政策制定的全过程，显然已难以满足国家治理现代化的要求。因

此，公共政策制定必须将部分治策环节外部化，由各类专业化智库完成。

（二）加大政府智库服务购买力度

政府可以将公共政策前期研究、公共政策传播、公共政策社会反馈、公共政策绩效评估等环节的相关工作交由智库完成。加大政府对智库服务的购买，完善政府购买体制机制。随着政府对智库服务需求的增加，智库服务供给也会相应加强，而随着市场竞争水平的提高，智库自身的专业化、科学化能级也将进一步提升。

二、公平、开放、有效的智库市场平台构建

（一）推动省部级重大课题招标向地方智库开放

积极联系相关机构，允许各类智库，特别是企业智库和社会智库，参与各类省部级哲社课题和决策咨询重点课题的申请。可以允许地方智库跨省申请其他省份政府的重大决策咨询课题。

（二）建立地方智库服务购买信息平台

可建立省级地方智库服务购买平台，即对于省级政府直属机构重点课题，以及标的较大的市级、区级、镇级等政府智库服务的购买，可以通过省级智库服务平台采取竞标方式发布课题，并对各类智库开放。对于各类各级政府智库服务信息，平台可以及时发布，各类各级政府应设立专职人员，负责智库服务提供商信息收集及业务接洽。

（三）制定政府购买智库服务流程规范

确定专业智库目录，根据研究优势、研究领域、智库类别确定地方智库分类目录，在政府购买智库服务时，帮助各类各级政府进行智库服务供应商的选择。围绕质量、报价等因素确定服务商选择标准，制定评选专家名录。

三、多层次、专业化的市场主体建设

（一）加快地方党政智库研究能力提升

各地方政府下属党政智库应从地方发展的全局出发，发挥熟悉当地发展、

了解政府运作等优势，克服地方主义思想，从国家发展战略的高度把握当地发展方向，围绕地方实际情况展开有针对性的研究。加强决策咨询服务专业化程度，创新研究方法，重视科技革命、产业革命下的城市治理方式革命，实现智库研究的整体性转变、全方位赋能和革命性重塑，将应急性研究作为中长期战略研究的储备。突破传统哲学社会科学在现实观察中的空间局限和时间局限，充分利用大数据技术、人工智能技术等，开展对社会现实的有效预测和精准模拟，通过参数调整实现国家战略和政策的现实模拟和仿真实验，实现智库成果的动态化、前置化、智能化和社会领域全覆盖。

（二）推动各类地方高校智库发展

提升地方高校智库研究水平，政府机构可以在省属、市属高校设置工作室，积极联络高校相应院系，推动其研究围绕地方发展展开，引导其研究成果进行智库转化。推动省属、市属高校科研人员在省、市地方政府机构研究性部门挂职，使高校科研人员、科研管理干部熟悉政府运作流程，了解政府决策咨询需求。积极促进省外高校参与地方智库发展。各地省级政府或计划单列市政府的决策咨询委员会，可以聘请省外高校专家为顾问，为知名专家在地方政府决咨委等机构设立工作室，专家的研究生可在工作室实习、参与课题研究。

（三）促进社会智库、企业智库可持续发展

引导企业智库为国家和地方发展提供有效的智库服务。特别是一些科技型智库，善于运用人工智能、混合现实技术等进行前沿性研究，但是超前性的研究虽然着眼未来，却不能为各类政府提供实际的决策咨询服务。应该引导这些企业智库开放数据库，或者通过与政府数据库相互共享，推动其利用自身科技创新优势，加快智库建设。积极引导民间资本向合理的智库发展方向进行有效配置。地方企业智库和社会智库发展的已有经验说明，部分民间资本参与智库发展主要是为了自身利益最大化而拓展政策话语权，同时民间资本受其资金来源、资本运作方式限制，往往出现短期化趋势，导致企业智库和民间智库发展缺乏持续性。智库发展主管部门、智库联盟、智库发展行业协会应积极了解民间资本投入智库发展的动向，了解其真实意图，引导其向合理的智库发展方向靠拢。确立民间智库发展预警机制，避免智库发展为不正当的目的服务，确保智库发展意识形态的安全性。

第二节　加快智库发展要素向地方智库集聚

一、加快人才资源体系建设

(一) 地方智库发展要着重提升智库人才地位

从我国智库发展的实际情况看，智库人才在社会地位、待遇等方面，同经济、科创、金融领域的人才相比，还存在明显差距，需要采取务实的措施加以改善。

智库人才既包括传统的领军人物、中坚研究队伍，也包括专业的智库运营队伍。应根据不同智库人才的特性，建立不同的评价标准，提升智库领军人物的管理水平，增强智库研究团队的梯队建设，促进智库运营团队的专业化和职业化。建立符合智库专业性与跨学科特点的独立人才职称评定体系，突破智库人才无法晋升、难以晋升、必须破格晋升的现实约束，在专业技术职务评审中探索智库人才的专项序列，兼顾研究基础和智库特色，保障高水平智库人才的健康发展。完善"旋转门"机制，实现智库人才与政府人才的双向流动，减少智库与政府的壁垒，解决政府部门和智库机构的信息差。推出智库博士后工作站，培养重点智库人才的青年梯队。对智库内圈的地方党政智库，赋予一定的人才使用自主权，广泛招聘政府、科研、产业、金融、法律等多领域背景的人才进入智库，推动地方党政智库的专业化建设。

(二) 尝试智库研究生培养计划

可以在 MPA 专业设置智库研究方向。仿照兰德公司研究生培养模式，选择有研究型硕士学位或具有一定工作经验的人成为智库研究方向的研究生，设置智库方向必修和选修课程，为研究生提供智库研究机会。

二、加强智库研究基础设施建设

(一) 加强智库信息数据库建设

在一定范围内试行政府数据与智库共享机制，同时建立起智库行业内部的数据共享边界和规则，改变智库数据库的重复低效建设。鼓励数据分析和调查研究相结合，使决策咨询成果兼具科学性和鲜活性。鼓励智库将数据库应用辐射到产业，助力经济社会的发展。

（二）完善智库科研基础设施建设

推动高科技硬件设施对智库的开放，充分满足智库研究中基于大数据的算法、算力提升需求，推动智库研究人员掌握新科技手段。对于有特殊硬件需求的智库，应协助其完善科研设施建设。探索符合智库需要的新型场景实验室建设。仿效西方智库“技术＋讲述实验室”（TNL）模式，建立智库场景实验室，探索人工智能和机器学习，增强视觉和混合现实技术、数字博弈、物联网等高新技术在智库研究、成果宣讲、决策交流等领域的应用。开放智库公共交流场所，以地方各类图书馆为依托，利用好公共文化场所，开展智库与社会、市民的交流活动，推动智库服务的社会化。

三、促进智库发展资金汇集

（一）探索设立智库发展专项资金

智库要成为令人尊重的智库，得有经济基础，得有资金支撑。智库发展资金不仅要支持智库发展，还要带动各类社会资金，积极参与地方智库各领域的建设，改变民间资金盲目投资新智库、“占山头、举大旗”的作风，引导民间资金投向具体智库项目研究，比如引导创新企业投向创新性产业政策的研究。各地可在省级层面设立智库引导资金，吸引各类资金投入，除扶持有发展潜力的智库以外，也可用于举办政策宣讲、市民沟通以及扶持智库领军人物开展研究等，全方位带动各类智库服务的共同发展。对智库资金使用进行评估，建议不侧重使用指标性评估，如根据专报批示率、发表论文和文章、出版书籍等量化方式进行考核评估，而偏重于组织专家听证等方式，切实了解资金扶持项目的实际情况和绩效，避免复杂、难度大的项目轻易丧失资金扶持。

（二）放活智库资金使用

在地方各类智库中试点探索市场化运营模式，借鉴江苏、浙江“两块牌子”合署办公的经验，增强智库责任单位的自主权和自决权，给智库灵活自主运营提供政策空间。效仿国家高端智库理事会“积极推行智库基金制，推动智库通过政府购买服务、社会公益捐赠等途径，多元化渠道筹措经费，推动建立基金制度”，鼓励智库自我造血。设立鼓励中长期深度政策研究的项目和经费发放机制，赋予智库部分柔性经费使用自主权，建立智库经费使用“负面清单”。加大高层次人才引进和薪酬奖励力度，最大限度调动各方积极性。探索智库成果的后认定和后购买模式，培育孵化具有决策咨询潜力的重点项目。

四、推动智库研究成果踊跃出现

（一）设立智库优秀成果奖，不断强化长期的激励机制建设

通过优秀智库成果评选，推动各类地方智库产生一批高质量的研究成果，逐步树立各类地方智库的研究旗手和研究骨干，从而带动各类智库研究资源的集聚。

（二）完善对接机制

促进各级各类政府部门、智库联盟以及智库成员单位相互之间的沟通，并使之常态化，通过这一机制，使智库研究可以直接传递给政策制定者，促进智库成果的转化。

（三）为高校智库、社会智库、企业智库调研提供便利

高校智库、社会智库、企业智库可以向市决咨委和地方智库联盟提出调研需求，市决咨委可以协助智库发放调研函，以及与相关政府部门沟通。

（四）促进智库研究成果交流

在各类图书馆不定期举办智库成果宣讲交流，推动智库之间、智库与市民之间就相关政策研究问题进行交流，并推动政策的宣传。

第三节　积极推动地方智库功能建设

一、加强智库资政功能建设

提升地方智库决策咨询整体影响力。加强地方智库与中央级智库的合

作，利用中央级智库专报渠道，报送地方智库高质量、全局性、前瞻性的研究成果。积极推动地方智库申请国家级、省部级课题，并积极宣介地方智库的相关研究成果。推动地方重点智库聘请退休省部级领导、全国知名专家为顾问，发挥其独特的咨询信息、选题站位、研究视野和报送通道等决策资源优势。地方智库可与《人民日报》、《光明日报》、新华社等中央媒体共享内参资源报送渠道，通过央媒专报报送渠道，推送地方智库研究成果。

二、加强智库理论研究功能建设

积极推动地方智库成果的理论化总结。推动地方性 CSSCI 来源期刊优先刊登地方智库理论化成果，积极资助智库理论化成果的出版，如打造地方智库理论丛书等。推动智库研究方法的创新，促进智库相关理论模型化，并推动智库理论模型与相关数据库衔接，为智库理论的人工智能运用奠定基础。

三、加强智库城市外交功能建设

把智库作为各地方文化软实力的载体，特别是各省会城市和计划单列市，应将当地优秀智库打造成城市对外宣传的名片。推动地方智库与其他国际智库交流，推动各类优秀智库在海外举办智库国际会议。力争推动一些知名地方智库为国家“二轨外交”服务，通过城市间智库交流，利用智库讲好中国故事。

四、推动智库带动地方社会活力提升

拓展智库的社会服务功能。一是积极宣传介绍政府政策，举办政策宣讲会，向城市居民宣传有关政策，了解舆情和政策反馈意见，做好政府和市民之间的桥梁。二是积极服务企业和社会，利用智库熟悉政府，熟悉政策的特点，协助企业和社会申请政府有关资金、政策的扶持。三是积极利用各类媒体提升智库的社会话语权。推动智库专家上媒体，打造为市民熟知的专家，有利于政府的政策宣传和政策引导。

第四节 推动智库界提升协同治理

一、强化政府智库纽带作用

（一）发挥各地政府决咨委作用，积极推动各类智库发展

各地省级或市级决咨委了解各级政府决策咨询需求，可以有针对性地组织智库进行决策咨询研究。决咨委除了持续了解地方重点智库、知名智库、专业智库的发展情况，解决地方智库界佼佼者的发展需求，还可以通过引导智库行业协会，掌握地方智库的总体发展动向，了解不同智库的发展情况，推动有潜力的智库发展。积极帮助智库解决其自身研究中的问题，特别是解决智库存在的调研难、与政府沟通难等问题。推动地方智库不断自我完善，积极推动智库人才赴省、市各级政府挂职调研，组织智库人才进行集中培训等。

（二）推动城市间智库协同发展，建设世界一流智库集群

通过建立地区层面的智库协调机制推进不同类型智库的协同发展，解决不同类型智库之间、同类型智库之间发展不平衡、不充分的现实问题。首先，对智库类型进行科学分类，合理界定不同类型智库的发展路径，明确智库的产业分工体系。例如，地方党政智库重点围绕提高国家和地方城市治理能力和经济社会发展中的重大现实问题，开展国情调研和决策咨询研究，推动教学培训、科学研究与决策咨询的相互促进、协同发展。其次，作为公益性质的事业单位，各类政府机关所属政策研究机构应重点围绕政府中心任务和重点工作，利用靠近政府的天然优势，与其他智库协同开展政策研究、决策评估、政策解读等工作，做好智库与政府间的桥梁，有效克服学术研究和政策咨询“两张皮”的现象。

二、推动智库行业自我治理

（一）建立智库行业协会

可以依托各地社会科学联合会等单位建立智库行业协会，下设省级、市级政府所属政研智库、高校智库、社会智库分会，由不同类型的标杆性智库担任

理事长单位，既保障不同类型智库能够发挥自身研究特色，又依托行业协会促进智库间的沟通交流。与此同时，依托行业协会可以实现对政府决策需求的实质性整合，有效实现与市委办公厅、市委研究室、市委宣传部、市决咨委、市教卫党委、市政府参事室和各委办局之间的决策咨询需求对接。

（二）发挥智库联盟带头作用

智库联盟了解联盟内部各家智库情况，在整合智库研究资源，推动智库之间的协同研究方面，可以发挥巨大作用，对于前沿性、综合性的智库课题，可以由智库联盟调动联盟内部资源，推动不同智库集体进行科研攻关。

（三）制定智库行业发展标准

由智库行业协会组织各类智库制定地方智库的行业发展标准，并对各地方智库进行评级，一方面使智库服务购买方了解智库的发展情况，在购买服务时能做出合理选择；另一方面激励智库不断发展，解决自身存在的问题，加强智库内部管理，提高智库服务质量。

附录一　从古代公共治策到现代智库

——智库运行机制的历史考察*

现代智库已经成为公共治策的重要推动因素。然而公共治策并非现代社会才有，公共问题古已有之。尽管没有明确的智库称谓，但一批知识人和知识群体，早已具备古代智库的型格。知识群体的组织方式、对知识的理解、个体的身份等对公共政策的制定都会产生一定的影响，古代社会如此，现代社会亦然。通过了解知识群体的特点以及知识群体如何对公共治策施加影响，可以了解古代社会到现代社会公共治策的异同，并对现代社会智库与公共治策有更深入的理解。

一、古代欧洲的知识人和知识群体

欧洲的历史是不连续的，自身内在的逻辑也因为蛮族入侵等原因中断过多次，并受到多种文化的影响。因此，欧洲的政治文化呈现出多样性，古希腊时期的城邦政治和中世纪的神学政治就大相径庭。即便到了近代，中欧和北欧的民族国家与意大利的城市政治也完全不同。

（一）古希腊的哲学家和学园

在古希腊城邦政治形成的初期，氏族社会刚刚瓦解，社会阶层逐渐形成，由于社会分工并不明晰，社会角色的变动也比较大。梭伦（Solon）和伯利克里（Pericles）是这一时期知识人的代表，他们的贡献在于帮助雅典构筑城邦政治制度。梭伦的身份较为复杂，他出身贵族，又作为商人游历各地。在古希腊政

---

* 原文见谢华育.从古代公共治策到现代智库——智库运行机制的历史考察[J].信访与社会矛盾问题研究，2016，(6)：94－105。

治理论的诞生过程中，游历经历使知识人往往对各地风俗有所了解，也为制定城邦整体制度提供了帮助。当时的古希腊，存在以人身为担保的借贷，如果贷款到期，平民无法向贵族归还贷款，那么平民将成为贵族的奴隶。在政治上，由于古希腊按照财富和门第选择官员，平民无法进入官僚机构，公民大会也失去作用。贵族在社会中占有强势地位。梭伦曾经作为调停人，调解贵族和平民之间的矛盾，他视自身的使命为调解公理和强权。公元前 594 年，梭伦作为执政官，对雅典政治经济进行了改革，废除了以人身为担保的贷款，并给予平民罪犯向陪审团申诉的权利，提高了平民的权利。梭伦的改革对古希腊民主政治的缔造有着深远影响，可以说他是历史上最早的改革者之一。

伯利克里（公元前 495—前 429）出身贵族，父亲是雅典舰队的司令官，母亲也出身名门，他师从芝诺，对哲学、政治、戏剧都极为精通。伯利克里开创了希腊鼎盛的“伯利克里时代”，修昔底德称他为雅典第一公民。除了杰出的军事才能，伯利克里政治成就斐然，他向全体公民开放官阶，第四等级公民以上都可以担任执政官；实行公薪制，改革公民大会，并资助戏剧表演，促使全体人民接受戏剧的教育。希腊的民主政治就成就于伯利克里手中。修昔底德的《伯罗奔尼撒战争史》曾记载伯利克里的一段名言：“之所以被称为民主政治，因为政权是在全体公民手中，而不是在少数人手中。解决私人争执的时候，每个人在法律上都是平等的，让一个人担负公职优于他人的时候，所虑的不是某一个特殊阶级的成员，而是他们的真正才能。”从这段话中可以看出，伯利克里利用自己的非凡才能努力地在社会政治中实现公正。

在古希腊早期，知识人的身份并不固定，尽管知识分子与贵族都保持紧密的联系，但是他们也能从公正的政治原则出发，建立起古希腊政治制度，并使得古希腊文明走向辉煌。随着古希腊文明走向繁荣，知识人的身份逐步固定，他们中有些成为老师，研究知识并在贵族中培养学生，有些成为社会批评者。

柏拉图是著名的古希腊哲学家，他出身贵族家庭，曾一度打算继承家族传统从政，但是“三十僭主”统治和随后苏格拉底被判死刑，使他对政治十分失望。他游历各地，在公元前 387 年回到雅典，建立了自己的学园阿加德米（Academia），后来英文“学院”一词就源于此。学园成为培养人才的场所，教授哲学、政治、法律和几何学。柏拉图特别重视对年轻贵族的培养，希望他们成为影响政治的人物，通过他们把自己的政治理念，特别是有关贵族政治的思想注入古希腊传统中，他关于由哲学王进行统治的观念，影响了之后几代思想家，甚至一直对罗马帝国的统治阶级也发挥着影响。阿加德米学园是非常值得关注的，因为围绕学园建立了一个知识群体，除了培养大量的政治人才，阿加德米还培养了亚里士多德这样的理论家，以及泰阿泰德、欧多克索这样的数学家。阿加德米学园一共延续了 900 年，直到查士丁尼大帝将其关闭。

亚里士多德与其老师柏拉图极为相似。亚里士多德的父亲是马其顿王国的御医。年轻时在柏拉图的学园学习，直至柏拉图去世。之后，他到小亚细亚游历，后来应马其顿国王腓力二世之邀回到故乡，担任后来的亚历山大大帝的老师，可以说亚历山大大帝是亚里士多德最著名、对历史影响最大的学生。腓力二世去世后，亚里士多德回到雅典，建立了自己的学园吕克昂。与柏拉图建立的阿加德米一样，亚里士多德围绕吕克昂建立了被学术史称为“逍遥派”的学术流派。

哲学家和学园可以说是古希腊最重要的知识人和知识人群体。除了阿加德米和吕克昂，还有伊壁鸠鲁学园和斯多葛学园，围绕它们确立了伊壁鸠鲁学派和斯多葛派，特别是斯多葛派，其思想一直影响到古罗马时期。通过培养年轻贵族，使之成为政府官员甚至统治者，哲学家和学园获得了社会影响，并影响了政治。此外，还有些雅典知识人由于自己来自外乡，不能在政府机构供职，因此通过著书立说和政治批判，扩大自己的政治影响。如希罗多德通过撰写《历史》讨论了各种政体之间的关系。在伯罗奔尼撒战争爆发以后，出身于色雷斯的德谟克利特就直接批评政府官员的不义。

（二）中世纪的大学

中世纪的知识人形成了特定的知识群体——大学，并在政治舞台上扮演重要的角色。大学的雏形来源于修道院，在公元 12 世纪以前，修道院承担宗教和文化的社会功能，一方面它是虔敬上帝之所，一方面它培养有文化的人。在它培养的人才中，有些成为教职人员，有些后来从事世俗职业。公元 4 世纪以后，当欧洲被蛮族征服，文化大幅衰退之时，修道院承担了保护文化和传承经典的责任，修道士们还履行社会责任，努力使社会保持公义。12 世纪以后，修道士的身份开始发生转变，这一方面是由于欧洲城市开始兴起，另一方面随着大量古希腊经典由阿拉伯语翻译成拉丁语，文化也逐步复兴。教士们开始向城市集中，他们了解大量古希腊学说和深受古希腊影响的阿拉伯思想，对世界和宗教的认识开始加深。更为重要的是，教廷认为这些人在封建王国传播知识，有利于罗马教会对这些国家施加影响。在城市里，这些由修道士演变而来的知识人有了固定的职业，而大学成为知识人的组织。从经济和社会发展的角度说，大学的形成与经济分工和社会分工逐步细化有着直接关系。正是从这个意义上说，当时的大学与如今的大学有所不同。大学的英文“university”来源于拉丁语“universitas”，这个词汇的拉丁语意思为社团，最早大学组织被称为“universitas magistrorum et scholarium”，意为由学者组成的探求学问的社团。也就是说，当时的大学和城市中各类手工业者组成的行会有着类似的性质。大学并没有明确的场所，只是知识人构成的社会团体，大学教师依靠教授知识获得经济来源。尽管大学教师受到罗马教会的庇护，许多教师兼具教士身份，但是由于远离教廷，又不受到当地政府在思想上的抑制，这些知识人确实具有一些独立性。大学可以想办法拒绝来自地方政治势力、国王、皇帝、主教的影响，免于屈服于这些人的意志，这使得知识和文化有了良性的发展。知识人群体在文化上也逐步影响了新的阶层，即新兴资产阶级。由于大学具有较高的社会和宗教地位，其政治影响力也较大。

巴黎大学同世俗政府和教廷都保持着紧密的联系，并扮演调解二者矛盾的角色。在教会分裂时期，巴黎大学主张对教皇适当制约，并认为民族教会应该独立于教廷。1327 年成立的布拉格大学在面对捷克和德意志的民族矛盾时，宣布效忠波希米亚国王，使自身成为一所民族大学。这些举动后来都被认为是欧洲民族国家兴起的推手。

此外，有些知识人必须接受统治者的赞助，从某种意义上说他们充当了政治人物的谋士。马基雅维利和达·芬奇是同时代的人，他们都接受过梅蒂奇家族的赞助，而这个家族是佛罗伦萨的实际统治者。马基雅维利的《君主论》就是献给梅蒂奇家族的掌权人的。

二、古代中国的知识人和知识群体

中国古代历史上的智囊是现代智库的萌芽形式，特指足智多谋、专门为君主或他人出谋划策的人。《史记·樗里子甘茂列传》记载：“樗里子滑稽多智，秦人号曰‘智囊’。”《史记·晁错传》写道：“太子家号曰‘智囊’。”唐朝的颜师古注释道：“言其一身所有皆是智算，若囊橐之盛物也。”智囊，或中国古代的智库，在中国两千多年的悠久历史中，以不同的形式和称谓，出现在历史长河的不同阶段，如士、门客、学宫、士族门阀、党与书院等，不一而足。

（一）士

对中国知识人的讨论往往会聚焦到对“士”的讨论，然而士和知识人却不能完全对等。士阶层兴起于春秋，士的概念非常广，除了知识人，还包括其他各种人才，比如勇士、方士、使士等。两晋以后形成了士族，与庶族对立，并垄断了国家政治。但出身庶族的知识人也大有人在，比如左思、陶渊明。士族门阀制度发展到唐以后，随着科举制度的兴起而逐步瓦解。宋以后，来自边远地区的读书人也可以成为士大夫群体的重要成员，并对政治发挥巨大影响，比如欧阳修、王安石、黄庭坚，都来自当时处于偏远地区的江西。可见政治环境的不同，士的社会特点在各个历史时期也各不相同。

（二）门客

春秋战国时期各国都有养客之风。一方面诸侯和贵族因为礼贤下士可以获得较高的社会声望。比如战国时期的四公子：魏国的信陵君魏无忌、齐国的孟尝君田文、赵国的平原君赵胜、楚国的春申君黄歇，他们出于扩张自身势力的目的，广招宾客，为自己留下美名。另一方面，有能力或者有知识的人出于生计，也需要寄生于贵族之家。

门客所提供的服务几乎无所不包，《吕氏春秋》是秦国丞相吕不韦为指导秦王嬴政治国扩张而组织门客编写的著作，其内容虽以儒、道为主，却也包括了墨、法、兵、农、纵横、阴阳家等各家思想。可见吕不韦的门客其知识背景多么千差万别。由于养士有很强的功利目的，门客的待遇与其为贵族提供的智力服务有关，其差别也较为悬殊。贵族与其所养门客之间虽然有着一种近乎主奴的关系，但是门客的来去也很自由，如果在这里的待遇不好，可以到其他地方做门客。

（三）学宫

除了贵族自己招揽门客，由国家设立学宫招贤纳士，并达到提升国力、造就学术辉煌目的的事例当属齐国的稷下学宫。稷下学宫设立在齐国都城临淄的稷门附近，设立的目的是“设大夫之号，招致贤人尊宠之”。在齐威王对政治经济进行改革的时期，稷下学宫得到了空前的发展。学宫中各派云集，儒、道、名、法、墨、阴阳、小说、纵横、兵家、农家等各家聚集一堂。司马光曾说，稷下学宫“致千里之奇士，总百家之伟说”。齐国学术空前活跃，而对于齐国政府而言，稷下学宫的功能在于通过学者论政，使齐国国君获得治国之策。设立稷下学宫的效果也是显著的：从国家发展的角度而言，齐国的国力获得了大幅提高；就学术发展而言，稷下学宫的设立真正开创了“百家争鸣”的学术格局。应该说，稷下学宫为知识人提供了必要的空间，也为其赢得了尊重。齐国政府摆脱功利的立场，通过几代人的努力，逐步使齐国文化得到繁荣，并促进了国家的发展，这与普通的贵族招揽门客有明显的不同。

（四）士族门阀

魏晋时期，士族门阀垄断政治，只有士族出身才能充任高官，因而也只有来自士族的知识人才能对政治有所影响。除了权力，社会财富也集中在士族门阀手中，他们往往能左右政局，其影响力甚至超过皇帝。而庶族出身的知识人只能充当低级别官吏，否则只能栖身山林。陶渊明便是庶族出身，低级别的官吏职位让他经常蒙受羞辱，最终促使他归隐。当然门阀制度的存在对政治也有有利的一面，由于高级别官员固定来源于几个望族，因此政治本身具有很强的稳定性和延续性。尽管魏晋时期政治较为动荡，但是社会本身相对稳定，特别是到南北朝时期，这种优势就更为明显。

（五）科举制与结党

隋唐以后，由于科举制度的兴起，门阀制度逐步被打破，寒门通过科举也可以进入国家的政府管理机构。宋代以后，科举制度逐步完善，带来的改变则是知识群体的多样化，政治集团的多样化以及权力关系的变化。

即使是科举兴起，寒门入仕也绝非易事。以毫无背景、一文不名的身份立足官场，自然要寻找靠山。在政治清明的时候，当然可以靠才华寻找到赏识自己的良臣，从此开始一帆风顺的官场生涯。苏轼为欧阳修所赏识，并在朝野上下引起关注，就是这样一个特殊的例子。之所以说特殊，是因为如欧阳修这般有胸襟者少之，如宋初这般有良好人文风气的时代亦少之。当然也有因为师承学术流派和观点一致，或者政见一致而归为一党的，如北宋“元祐更化”上台的保守派后来被称为元祐党人，明代因为共同的学术思想而结成的东林党，等等。更多的时候，寒门子弟往往投奔同乡的老一代官僚，因同乡之谊，相互之间有着近似的习惯与相仿的观念而互相认同，更进一步说，长辈官僚需要可靠的门生扩大自己的政治影响，新科进士则倚重前辈官僚在宦海立稳脚跟。在宋明两代的政治中，大家纷纷同乡为党，宋代就有洛党、蜀党、赣党，等等。如果政治黑暗，寒门出身的进士只能顾及利益，依附强势政治集团。当然对于寒门出身者，自身的价值观念未必一定会恪守高尚的价值准则，实现自身地位的提升也是非常重要的。如北宋王安石来自当时地处偏远的江西抚州，他“为了给自己和自己的理论谋求领导地位，往往会比其他地方的人更加富于侵略性”。①

在中国古代，结党往往与营私相关，所以“党”一词绝对是贬义，但实际在政治舞台上，党争却频繁出现。而党争又往往同集权和专制相呼应。正是因为权力的集中，所以导致权力的争夺，而这在魏晋时期是少有的。唐宋以后，政治决策的有效性，一是取决于皇帝是否能英明决断，在众多政治建议中选择正确的，二是取决于以党为形式的知识群体能否抛开党派利益，根据实际情况而不是政治信条，提出有效的政治策略。集权时代治策难度之大可想而知。

例如，南宋初年，围绕对金的战与和，各派知识群体就进行过激烈的争斗。1135 年，金人南侵，宋军在藕塘（今安徽定远东南）之战中获胜，围绕是否乘胜北伐，在赵鼎和张浚两位宰相之间产生了矛盾。赵鼎是北宋程学的信徒，政治上属于保守派。张浚则更倾向于王安石变法派。赵鼎认为以南宋当时的实力不足以北伐，当放弃淮河流域，退守长江，以巩固胜利成果。军事家张浚则坚持北上反攻。虽然两位宰相的政治理念不同，但是一直以来却高效合作，可这次高尚的赵鼎谦让了，他认为张浚的军事才能不可替代，主动辞职。张浚选择了日后的奸相秦桧与自己搭档。在南宋初年，秦桧既不是改革派，也不是保守派。1137 年，张浚因为用人不利导致军人变节，随后惨遭放逐。之后，赵鼎复相，虽然他提议仍由张浚与自己搭档，但是没有得到宋高宗的认可，只得与秦桧共事。当金人以极其苛刻且有辱南宋的条件提出议和之时，保守派赵鼎内心反对议和，但是出于对宋高宗的忠诚，他认为在不影响国格的情况下可以议和，而秦桧则迎合了高宗急于议和的心态。最后赵鼎罢相，1141 年南宋屈辱地与金人议和，秦桧则成为日后的权相。

在南宋抗金的一系列事件中，应该说正确的军事战略确实被提出了，但是最后被采纳的却是最差的策略——屈辱地议和。帝王的意志主导了决策的走向，而善于揣摩帝王意图却心术不端的知识人获得了最大的利益。

（六）书院

在中国历史中，也形成了与欧洲中世纪大学类似的知识群体或机构——

① 刘子健. 中国转向内在——两宋之际的文化转向[M]. 江苏人民出版社，2012：47.

书院。书院是知识人传授学术和政治理念，培养学术和政治人才的地方，所以书院既有学术功能也有政治功能，围绕书院既可以形成学术流派，也可以形成政治派别。其最有代表性者即东林书院。东林书院始建于北宋，为程学弟子杨时讲学之所，至明万历年间，因顾宪成于此讲学而复兴。东林书院倡导“读书、讲学、爱国”的精神，一时间人才云集，名噪一时。一方面，它为国家培养了众多优秀人才，如刚正不阿的左光斗；另一方面，围绕东林书院而形成的东林党一直是当时清议的主流。所谓清议，就是以儒家思想批评时政，东林书院正是以这种方式在社会上扩大自己的声望，并最终影响政治。当然，也要从正反两方面看待东林党的政治影响。党争毕竟脱离不了利益关系，东林党人也不能免于此道。围绕明神宗继承人的问题，东林党与浙党、齐党等各派激烈斗争，双方都通过各种方法打击对方，甚至在满人入侵，国家命悬旦夕之际，仍然不忘争斗，所以史家有所谓“明亡于党争”之说。

三、现代智库与公共治策

知识群体，也就是现代意义上的“知识分子”，长期存在于历史之中，他们是掌握知识的专家学者。一旦有了政治，用于指导政治活动的知识就必不可少，而由于政治制度和社会体制的不同，知识群体在社会中的地位和影响也有所不同，所起的作用也有差异。这使得知识和政治之间的关系更具有丰富性，并将有助于理解智库对公共政策形成的影响。从全球发展趋势来看，智库在世界主要国家的公共治策过程中都发挥着重要的作用，不仅为政策制定者提供专业的决策咨询服务，也将新的“理念”和新的“愿景”带入公共政策，推升国家的治理能力和现代化水平。在公共治策过程的不同阶段，如何有效发挥智库的作用与功能，提升公共政策的稳定性和社会福祉，是世界各国在公共治策实践中亟须解决的一个问题，也是丰富和增强国家治理能力的关键环节。

（一）知识群体的职业化

智库作为专业知识的生产者，知识人在其中扮演的角色也发生了变化。知识群体虽然要保持自身的公正性，但是有时候需求导向也必须要求智库产品具有某种倾向性，甚至可以说使知识成为争夺话语权的重要载体。除了具有明确需求导向的产品，智库生产还需要通过科学、严谨、客观的研究获得市场认同、社会认同,形成自身的智库品牌,谋求更大的社会影响力与政策话语权。因此,智库既要保持知识群体的公正性,又要具有商业化的倾向性。这对内生性矛盾成为现代西方社会智库的鲜明特点,需要在智库市场的交换中加以调和。

(二) 智库市场的形成条件

市场经济的发展带来的最大改变是分工越来越细密,这促使许多专业服务业作为某种新兴产业从生产中分化出来并独立发展。智库产业可以理解为专业服务业的一种,它的产生需要有以下条件。

一是政府和自治组织对公共政策理解的变化。一方面,政府发现自身在公共治策中越来越需要依赖专业知识群体的支持,这当然是因为西方社会民主化、世俗化以后,专制的治策方式受到了极大的挑战,政府必须寻求科学的、有说服力的公共治策方式。另一方面,在许多领域诞生了自治组织,比如行业公会、工会等,这些机构的存在也需要通过专业知识的支撑,实现自身管理的有效性,并扩大自身在更广泛社会空间的影响。

二是智库市场主体的产生。许多知识机构意识到可以通过出卖知识产品获得收益,这促使大量知识人转型成为智库研究者。他们所提供的知识不再是某种普适性的理论知识,而是具有针对性的专项研究和专题报告,往往能够给出清晰的、可操作的结论。

三是新知识工具的产生。随着人们对公共治策要求的提高,知识从解释现象转为对未来的预测,无论经济发展还是社会发展,都要求对未来有确定性的了解。对新知识的要求,催生了数学方法的广泛应用,同时大量的信息收集和统计数据收集为数学方法的使用也奠定了坚实的基础。

总之,智库机构始终在盈利性和公正性中试图取得平衡,但这种平衡却难以实现,也使得智库会在治策过程中犯错,给出错误的决策咨询。而这种问题从宏观层面说却又要依托市场机制才能解决,使整体的治策具有正确性。通过市场竞争,市场机制淘汰知识储备欠缺和在治策过程中失误的智库机构。在西方智库发展的近两百年时间中,一批优质的智库被保留下来,当然也有更多的智库被淘汰。

通过对智库运作机制的史学考察,我们认为在公共治策从古代到现代的演化中,现代智库是西方民主体制、市场经济发展下的产物。与古代公共治策不同,现代公共治策更要求精准性、可预测性和可操作性。在古代,知识群体往往通过对统治者施加影响,使自身的知识更能对社会产生影响;而在现代社会,为了迎合对智库产品的需要,智库生产者在某种意义上要改变传统的对知识的理解。但是市场试错机制有助于修正局部错误,最终达到整体治策的正确性,这是现代智库市场的根本特点。

附录二　警惕大资本驱动下的智库异化
——以欧美智库发展演变为视角*

习近平总书记在2016年“5·17哲学社会科学工作座谈会”上明确要求，着力构建具有中国特色、中国风格、中国气派的哲学社会科学，重点把握“三个体现”(体现继承性、民族性；体现原创性、时代性；体现系统性、专业性)。这为构建中国特色新型智库指明了基本路径和主要着力点。因此，在推进我国智库建设的过程中，如何坚持中国特色，避免简单套用欧美智库的标准，是一个值得深思的重要问题。在当前全国各地的“智库热”中，要清醒地认识到欧美智库本身也存在许多问题，特别是大资本驱动下的智库异化现象，以此警示中国智库的发展。

一、从独立走向异化：欧美智库发展的三次浪潮

西方智库一直以“独立性”标榜自己，这种独立性表现为智库运作的非营利性导向、公益性宗旨，以及研究观点的客观中立性。然而，智库的独立性并非与生俱来，它需要一定的条件，一旦条件丧失或者发展环境变化，智库异化现象便随之而来，可以说智库异化源于智库独立性的逐步丧失。观察欧美智库100多年的发展历程，在资本和权力的双重夹攻下，智库正因逐渐丧失独立性而走向异化。

(一) 欧美智库的独立性产生于资本与权力的对峙

20世纪初，世界范围内涌现出不少至今为人称道的智库典范，如布鲁金

---

* 原文见谢华育，杨亚琴，李凌. 警惕大资本驱动下的智库异化——以欧美智库发展演变为鉴[N]. 光明日报，2017-07-20(11).

斯学会、查塔姆研究所、卡内基国际和平基金会等。这些智库在创始初期,多以超越权力和资本的公益理念作为发展宗旨。比如,卡内基国际和平基金会视战争为文明世界最肮脏的污点,致力于阻止国际战争;布鲁金斯学会创始人罗伯特·布鲁金斯深受美国当时的进步主义思想影响,认为必须通过客观、科学的研究制定合理的政策,使之有效地服务于公众。这一阶段智库的独立性首先体现为财务独立。布鲁金斯学会最初的运作资金来源于创始人罗伯特的慷慨解囊;卡内基国际和平基金会的首批运作资金也由安德鲁投入 1 000 万美元,之后不断收到许多无附带条件的捐助。这样的经费保障使得智库研究者能心无旁骛地开展科学研究,而不为其他政治和经济势力所左右。值得注意的是,20 世纪初的美国还是一个新兴资本主义国家,无论是布鲁金斯的进步主义理念,还是卡内基的世界和平理想,体现的都是逐步壮大的资产阶级希望强化自身在公共问题上的话语权,希望阻止政府对公共权力的垄断,防止自身利益受到侵害。因此,在资本与权力对峙过程中,智库独立性得到了一定程度的张扬,其主张也反映出当时经济社会发展的内在要求和公众利益。

(二) 资本和权力的结合使第二波智库发展开始偏离独立性

第二次世界大战前后,无论是欧美政府还是企业,都意识到战争废墟掩映之下的巨大利益,资本与权力开始走向结合:权力需要资本为自身实现全球霸权服务,而资本也乐意从服务权力中获取利益,两者一拍即合,在实现全球秩序重建过程中找到了共同利益。这时成立的代表性智库有美国企业研究所、兰德公司等。当美国政府为实现全球霸权进行布局时,企业研究所和兰德公司都把自己的研究领域聚焦在国家安全上,并在研究中把自身利益与政府全球扩张计划高度结合。兰德公司的成立直接源于美国空军委托给道格拉斯公司的一个研究项目——兰德项目。与第一波老牌智库相比,第二波智库在财务运作上更多依赖于政府资金的投入。比如兰德公司的营运资金并非来自慈善家无私的馈赠,一直到 2016 年,兰德公司从政府获得的各类委托研究经费收入占到总收入的 87.1%,其中来自美国空军、陆军和国防部等国防部门的经费收入占到总收入的 52%。这一时期的智库开始偏离独立性,研究方法上的客观科学成为其独立性的主要标签。如兰德公司以其量化的研究方法极大改进了公共政策效果,但是价值取向的公益性和财务运作的独立性,这一时期已被搁置于相对次要的位置。

（三）大资本驱动下的欧美智库正在逐步走向异化

20 世纪 70 年代以来，特别是在冷战的僵持阶段，全球经济陷入滞胀困境，欧美国家笼罩在强烈的意识形态氛围中。大企业大资本急切地希望用西方传统价值观和自由主义主张影响政府决策，要求政府在国际事务中更加关注它们的利益，资本试图以新的工具影响乃至支配权力，由此第三波智库应运而生。与第一波智库比较，第三波智库远没有那种超越意识形态的公益理想；与第二波智库比较，第三波智库也没有那种科学客观的研究态度和专业方法，而更热衷于强化和传播西方中心主义的价值观。从运作方法看，这一时期的智库善于公关和营销，热衷于在短期内迅速炮制各类智库产品和短期议题，它们通过媒体影响选民，会把观点浓缩后向国会议员和行政官员兜售。它们还会把自己的前雇员或实习生安置在政府部门或国会的职位上，以便当这些人获得政治权力后，更易于施加自己的影响。它们不会因为顾忌智库的非营利性质而讳言对资金的渴望，而是通过直邮筹款的方式，扩大资金来源。西方学者把这一类智库称为营销型智库，在它们身上，已难以找到智库和利益集团的区别。如传统基金会每年都会用炮制的经济自由指数给世界各国打分，以统一的标准打量着世界各国，并乐于对其说三道四。

2008 年全球金融危机之后，欧美智库的异化现象有愈演愈烈之势。像英国智库“亨利・杰克逊协会”收受日本驻英使馆捐款，渲染“中国威胁论”，为迎合西方国家的中东战略，吸引资金宣扬“反伊斯兰”观念，这类事件比比皆是。一些智库甚至直接充当政治利益交换的工具，帮助别国政府结交本国官员，以此收受好处。早在 2014 年 9 月，《纽约时报》就发表过调查报告，研究者从大量数据和谈话记录中发现，有 28 家美国智库参与了国际利益输送，涉及金额高达 9 200 万美元，其中就包括了以“独立性”自诩的布鲁金斯学会等顶级智库。这在当今西方国家并非个案，诸多号称不受制于权力与金钱，公正、客观、独立的西方智库，其实已经悄悄地发生变化，在强大的生存竞争法则下，许多智库已把自身的发展壮大，嫁接到为特殊利益集团甚至境外利益集团提供专业服务上来，在权力博弈中为其抢夺话语制高点可谓不遗余力，这些黑幕无疑彻底颠覆了对智库独立性的传统理解。

纵观欧美智库的发展历程可以看到，随着资本与权力从对峙走向结合，进而紧密合作，许多欧美智库背离公益理念，丧失财务运营上的非营利性，已经背弃了研究的客观公正，走向偏离独立性的异化轨道。

二、智库发展目标与西方政治经济制度之间存在三大矛盾

智库作为独立于立法、行政、司法、媒体之外的"第五种权力"，其发展的使命和历史责任，就是需要对全球人类命运共同体的发展问题进行战略性、前瞻性的理性思考和回答。因此，欧美智库的产生和发展要求其有超越于意识形态的独立性，但客观上欧美智库的发展目标与西方政治经济制度之间存在三大矛盾。

（一）资本主导的西方社会运行机制与智库的非营利性存在矛盾

资本主义社会的运行有赖于资本推动，依靠资本推动的智库不可避免会沦为利益集团工具，为逐利行为服务。尽管西方慈善活动表面上无私地资助了早期智库的发展，但其基础在于资本家意图通过影响公共政策，主导政府保障资本家的利益。尽管一些老牌智库试图通过财务制度建设，杜绝资本对研究的干预，但在资本泛滥的时代，这也似乎只是螳臂当车。如查塔姆学会尽量避免财政运作影响其研究活动，卡内基基金会也把基金运作与研究部门分割开，避免资本对智库的不良影响。然而由于不附带条件的慈善捐助减少，一些智库也需为稻粱而谋。20 世纪 80 年代，美国企业研究所在财政状况恶化后，为了争夺捐款，由一个持温和保守立场的智库转型成更加激进的新保守主义智库。甚至连布鲁金斯学会这样具有声望的智库，也闹出因收取中东某国政府高额资助而杜绝在研究报告中对该国进行批评的事情。

（二）西方政治意识形态化与智库公益性发展宗旨存在矛盾

智库要为公共利益服务，既要服务于国家和民族的利益，更要为人类全球发展的共同利益服务，在两者形成冲突时，应该理性地寻找平衡点，推动协商包容性地解决问题。然而，西方文明固有的优越感使欧美国家在讨论国际议题时，把自己的价值观强加给其他文明的国家。这种意识形态化的问题解决之道与智库的公益性诉求相违背，欧美智库很难一边服务于处处泛政治化的西方政府，一边坚持自己的公益主张，最后只能改变自己理想化的诉求，成为为西方价值观服务的工具。

（三）西方政治机制民主化与智库专业化研究能力存在矛盾

在西方民主机制中，政策制定者通过民主选举产生，而选民在面对公共政

策议题时，既缺乏对具体信息的全面了解，又难以应用科学方法做出专业判断，这为政策制定者通过操弄民意影响决策提供了机会。营销型智库的代表——传统基金会的成功秘诀就在于充分利用这一机制缺陷，在短期内充分扩大自身影响力，这让专注于专业研究的布鲁金斯学会等一类智库黯然失色。追求政策影响力的短期效果必然导致智库市场出现“劣币驱逐良币”，使长期性、严谨性、专业性研究退出思想市场。

三、欧美智库异化现象对我国智库发展的警示

欧美智库从独立走向异化现象的背后，不仅反映了西方政治经济制度内在的问题，也隐含着智库自身发展中运作体制机制的缺失。为此，我们也应该认真地思考一下中国特色新型智库发展中面临的问题。

（一）如何保持中国特色新型智库客观公正的“第三方角色”

中国特色新型智库在坚持正确的政治导向、坚持国家人民利益至上的前提下，必须充分发挥智库客观公正的“第三方角色”，杜绝权力与资本对智库的侵蚀。智库既不能成为政府的“传声筒”，亦步亦趋跟在政策后面做诠释和附和，更不能成为资本利益集团的“代言人”和资本追逐利益的工具。智库必须站在时代最前沿，以其全球视野和战略思维，充分利用系统化的专业优势和科学的研究方法，对公共政策做出客观公正的判断与建议。目前有些智库基于生存发展需要，为筹措更多资金而放弃原则，最后沦为资本的附庸。为此，智库建设必须解决好财务独立的问题，通过社会化筹措资金的方法来推动智库建设。

（二）如何构建具有中国特色新型智库的话语体系

我国智库发展有着与欧美智库完全不同的政治、经济、文化背景，中国特色新型智库建设必须体现中国国情、中国气派、中国风格，切忌简单套用欧美智库的标准，把欧美顶级智库假想成中国智库发展的“彼岸”。要立足国情实际，从我国历史文化、改革开放的发展实践中去发现新问题，从世界科技经济发展趋势的大局中去把握规律，研究并提出具有原创性的新思想新战略，形成中国自己独特的智库话语体系，特别要防止在嫁接西方智库理念和运作方式的同时，成为西方国家利益集团的政策工具。在这个过程中，政府应发挥好智

库建设的引导作用，指引其从实际问题出发，避免研究过度学术化的倾向。

（三）如何关注和强化中国特色新型智库的自身素质建设

智库一定要坚守公益宗旨，关注公共政策和国家战略问题，不能以营利为目的，必须与商业利益割裂开来，否则会被资本绑架，失去科学性、公正性。首先要提高智库尤其是社会智库的财务透明度。目前我国智库建设中，财务信息是智库信息中最不透明的部分，其中社会智库的财务透明度处于较低水平，低于高校智库和事业单位智库。从理论上讲，由于社会智库的资金来自多个方面，其财务透明度理应更高一些。其次要提高智库的研究成果，形成专业品牌优势，严防智库研究标签化、娱乐化、趋利化。当前确实存在一些不具备资政能力或者以营利性为主的企业或机构，以智库为名获取社会资源。建议智库界要建立联盟协会，制定行业标准，加强相互监督，自觉抵制违反行业规范的行为。

附录三　公共政策制定如何避免“海森堡测不准”现象

近年来，我国智库发展方兴未艾，在“四个全面”和“五大发展”理念的指导下，智库参与公共治策的体制机制日趋完善，在推动改革开放和社会主义现代化建设方面发挥了卓有成效的作用。然而，随着改革的深入和国家治理体系现代化建设的开展，公共治策的复杂性日益增强，对公共政策实施效果的精准度要求也不断提高，作为联结知识和政策的纽带，智库参与公共政策的学理意义何在？如何更好地发挥智库的资政作用？怎样构建以智库为中心的知识网络？这些问题都需要在治国理政的新阶段加以回答和思考。

一、公共政策制定中的“海森堡测不准”现象

改革开放近 40 年来，我国政府的公共政策制定过程日益专业化、民主化、透明化。但是一些政府工作人员在工作中还是会发觉很难把握社会和市场变化，似乎政府认识总与实际情况保持距离。一些地方政府在招商引资中总要仔细鉴别企业发展区域经济的意愿，因为有些企业投资项目的真正意图是获取当地的土地资源，通过土地升值收益博取差价，而不是要对地区经济发展和财政收入有所贡献。又比如，规划部门对一些企业进行调研时，企业倾向于夸大自身发展情况，选择一些对自己有利的消息传递给政府，以获取政府的扶持，从而增加了政府准确了解市场信息的难度，严重情况下，还会加剧政府与市场主体之间的不信任，反过来又会增加政府收集市场信息的难度，进一步降低治策的精准性。

这些问题归结起来，就是公共政策制定过程中出现的“海森堡测不准”现象。“海森堡测不准”原指物理实验中存在的一种现象，在测量某个物理研究对象时，测量行为会扰乱测量对象原本的物理状态。比如要测定一个粒子的

位置和速度，一般的做法是打出一个光量子，但是随着光量子与粒子碰撞，粒子的速度或者位置会发生改变，这导致观测本身改变了观测对象的物理状态，使准确观测无法实现。

政府制定公共政策过程中存在的“海森堡测不准”现象，本质上是政府与市场，或政府与社会之间的信息不对称造成的，也就是政府了解的市场信息与真实的市场信息不同，或者反过来市场对政府的了解也与政府治策的实际想法不同。那么，这种困境是怎样产生的呢？

二、只有政府参与的治策过程是单一的

政府在招商引资和制定规划中存在的“海森堡测不准”现象，产生的原因在于政府行为诉求和市场行为诉求的不一致。政府的决策目标是要实现宏观经济效益的发展或社会整体福利的提升，同时兼顾政策的公平性，但是企业这样的微观市场主体关注的是自身利益的最大化，于是政策制定者与其试图了解的政策对象在行为诉求上就往往存在偏差。即使政府在对企业进行调研时，企业也会诱导政府制定符合自身利益要求的政策。实际上，政府参与的治策过程都会不可避免地遇到“海森堡测不准”难题，这是全球范围内各类政府在治策过程中普遍存在的问题，它是由政府自身的局限性造成的。

首先，政府利益并不完全等同于公共利益，公共利益是政府利益的本质，但政府也有其自身超越公共利益的利益。这意味着政府有时并非中立，凭借公共权力，政府可以对公共资源进行分配，治策过程本身就是公共资源分配的过程。其次，政府工作人员相对固定，专业知识配备也相对有限。避免“海森堡测不准”现象的前提，是政府具备完全的专业知识。然而，世界范围内，政府系统从业工作人员都相对固定，政府运作又受到财政经费的限制，导致政府机构是一个相对封闭的体系，知识资源的配备不足以支撑其精准施策。再次，政府在某种程度上外生于社会或市场，它对社会与市场变动的反应也相对迟缓。政府机构同以企业为代表的市场主体和以社会组织为代表的社会主体，在运作方式上有着根本性的区别，使它难以敏锐捕捉社会变动和市场变化的信号，也难以迅捷地对这些变动做出正确反应。因此，如果只有政府参与公共政策制定，由于政府在知识信息上的相对封闭性，在资源配置上的非中立性，以及对市场认识的迟缓性，会使得治策过程相对单一。

只有政府参与的治策过程，还会由于政府行政管理的局限性而加剧“海森

堡测不准”现象。政府行政管理是一套自上而下的垂直管理体系，在这一体系的下层，管理权限被分割开来，不同部门针对市场活动的不同方面进行管理。这导致的问题是，不同部门对市场的认识和理解难以形成共识，对某一市场动向，有些部门可能认为好，有些则认为不好，判定标准可能完全从自身管理便利性的角度出发，因此每个管理部门对于市场变动信息的处理可能大相径庭，在进行最终决策时，部门利益就极有可能掣肘决策的科学性。近年来互联网金融蓬勃兴起，面对这一现象，规划部门观测到的是其对经济发展的促进作用，而对于相关监管部门而言，他们则会认为互联网金融增加了监管的难度和复杂性。规划部门和监管部门观测的不同结果会直接影响相关政策的制定。

此外，还存在另一种形式的“海森堡测不准”现象，它会对政策的实施过程产生影响。与政府渴望了解市场和社会一样，市场主体和社会主体也同样迫切了解政府的政策。当某些市场主体或社会主体意图了解某项政策时，政府会意识到这项政策的重要性，由于担心政策的泄露会造成不公平，政府的理性选择倾向于减少就政策内容与市场和社会的沟通。于是市场在难以了解政府治策真实意图的情况下，难免形成不利于政策实施的预期，从而影响政策实施效果。有些经济学家在研究我国货币政策对市场的影响时发现，由于政府在发布货币政策时，缺乏同市场进行必要的沟通，货币政策调整过于突然，银行和企业等市场主体难以对政策做出合理预期，进而无法提前调整自身的经营策略，从而使政策对市场形成“消息冲击”，加剧经济波动。这一方面增加了市场主体适应政策的成本，也就是银行和企业只能被动地改变自己的经营计划，并因此蒙受相应损失；另一方面也使得政策效果大打折扣。有些经济学家认为，对于所有政策而言，市场能预期的政策，比未能预期的政策都有更好的政策效果。实际上，单一的政府治策过程会让政府陷入一种两难，一方面提前泄露政策信息会带来不公平，因此只能在政策公布之前做好保密工作，但是另一方面市场和社会无法形成适当的政策预期，会加大政府消息对市场和社会的冲击，使后者较难适应政策变化。

因此，仅有政府参与的治策过程相对单一，政府自身难以超越其在知识储备、制度和管理方式等方面存在的弱点，整个治策过程一旦为政府所垄断，其他主体就只能被动地成为政策的接受者。这种治策模式的科学性和精准性都是值得商榷的。实际上，回避治策过程中的“海森堡测不准”现象，完善政府治策过程的有效手段是引入智库。通过借助智库所依托的以其为中心的知识网络，丰富信息渠道，加强信息交流，完善治策方式，从而提高公共政策制定的科学性、有效性、全面性。

三、构建以智库为中心的知识网络

智库具有专业性、中立性、开放性和灵敏性。智库可以吸纳不同类型的知识信息，包括专业知识、各类市场信息，对各种不同观点也相对宽容。同时，智库本身不具备公共权力，自身运作也并非旨在营利，对于市场和社会而言，它是中立性的。另外，相较于政府，智库内生于社会和市场，对各种市场变化更加灵敏。正是由于智库的这些特点，因此会围绕智库形成知识网络，而知识网络具有三大优势。

首先，知识网络可以将信息主体和知识资源集聚在一起，形成一个由智库、政府、政策关联方、专家和学者组成的网络。网络的存在也使得对知识的整合变得顺理成章，实际上智库产品生产就是一个知识整合的过程。由于智库位于这个网络的中心位置，知识整合也由智库主导。尽管这个网络中的各个主体都可以双向互动，但相较而言，智库与其他信息主体的沟通可能更为有效。智库与政府的关系已经被诸多学者反复说明，概括地说，智库了解政府的治策过程，并与政府官员保持紧密沟通，可以从行政管理的专业角度了解政府需求。上文提及政府与市场主体或者政策相关方进行交流时存在的种种不便，当智库与市场或社会中的企业、社会团体甚至个人进行沟通时，由于智库具有中立和非营利的特点，由它代替政府了解市场，可以有效避免所谓的“海森堡测不准”现象。专家实际上是知识生产的主力军，但是专家提供的知识产品，与可供决策使用的智库产品并不完全相同。特别是对于那些从事基础理论研究的专家，他们一般外在于智库，但是智库必须与之保持关系，或者智库中的相当一部分人员本身就是专家，他们的工作虽不会对治策产生直接影响，但是依然会改变治策的思维方式。智库的优势恰恰在于具备丰富的基础性理论素养，能够将专家的成果转化为政策语言，并将之融入智库产品中，使之更具备战略眼光和理论深度。世界上的许多智库，正是利用在知识网络中所处的中心位置，提出了切合实际、具有理论深度又符合政府治策规范的研究。有些国际智库，还利用自己在世界各地与政府、市场、专家交往过程中积累的信息与知识，提升智库产品的品质。比如，国际食物政策研究室（IFPRI）在越南的项目，就通过监测越南大米市场，影响大米价格，并分析由此对农民和消费者的影响。此外，他们在为政府提供替代政策的同时，还协助政府官员进行培训，促进新政策更有效地执行。在中国，他们与高校合作，积极把与粮食生产有关的农学、水利、公共管理知识纳入智库研究中，为中国的粮食政策提供智库产品。

其次，知识网络有利于智库的知识创新。有些西方学者把政府治策总结为“政策典范模式”，意指政府在决策过程中受到某种知识框架的影响，政策选择是依据这一框架做出的。由于市场和社会始终在变化，而调整政府治策框架的时间却相对漫长。智库处于知识网络的核心位置，则能够洞察市场变化并及时做出有效反应，对治策变量进行调整。比如，近年来对于网约车和共享单车的治理，就显现出一定的滞后性，因此在治策环节增加由智库参与的听证会等，不失为一种补充与改进；再比如，随着新经济的兴起，一些大型互联网企业下属的研究机构提出了全新的经济统计指标和方法，这些举措是隶属于政府的统计部门无法做到的，前者是对后者统计工作的知识补充和完善。

当然，值得注意的是，知识网络中进行的知识创新依靠两股动力。其一是专家和学者的知识探索。这是一种个体性的知识创新，取决于专家和学者个人的知识积累、思想冒险，但是这种知识创新对治策的影响是相对有限的。在更多情况下，知识创新是知识网络中各个主体集体努力的成果，不同的智库研究人员、政府工作人员、市场人士、专家学者都参与了这种知识创新，推动知识演化。知识演化可能起源于一个微小的知识创新，一个新理念、新思想或者新方法。这个微小的知识创新随后在知识网络中传播，在被知识网络中不同主体接受的过程中被无数次地修正和再创新，最终随着知识传播过程的完成，知识创新与其本来面目已经完全不同，它变得更成熟、更具可操作性，也更广泛地为人接受，因此这种创新也更易于融入正式的治策过程，并发挥其影响。

最后，知识网络使智库成为知识交流、信息交易、信息传播的渠道。有些西方学者把智库称为专业知识和信息的“交易所”，因为以智库为核心的知识网络可以撮合知识生产和知识消费，使得信息资源得到合理配置。实际上信息渠道的意义还远不止于此。一方面，作为信息渠道的智库可以向社会主体、市场主体、民众提供政策信息，告知公众复杂的政策议题，公众在对这些议题进行了解后作出反应，智库将这些反馈信息传递给政府，这样实际上把各种市场主体、社会主体、民众都吸纳到了治策过程中。在政策制定的最后阶段，在发布政策之前，信息渠道还为政府提供了测试市场反应的机会。另一方面，智库可以了解市场对政策的反应，使得政府有机会对政策进行调整，同时信息渠道也为市场主体对政策进行预判提供了依据，尽管市场主体依然无法准确了解最终的政策，但是它至少可以对可能出现的政策选择进行充分地准备，预先调整经营活动。

正因为知识网络的存在，使得智库能充分服务于政府、市场和社会，克服政府单一治策的局限，使政府与市场或者政府与社会的关系，从以政府为主导，转向政府与社会或者政府与市场之间的互动。

当然，建构以智库为中心的知识网络这一理论构想，在付诸现实的过程中也会遇到许多问题。随着我国智库行业的发展，涌现了一批能及时了解社会和市场信息变动的新型智库，但是智库与政府之间的沟通渠道依然有待完备，政府信息与智库的分享机制尚未建立。还需注意的是，我国智库发展水平还处于初级阶段，智库独立性不强，有些智库还会为了各自的利益而互相掣肘，这阻碍了知识在智库之间进行交流。更为重要的是，知识网络虽然有利于信息收集、信息交流、知识生产，但也不可避免地要面对信息安全的问题。对这些问题的研究和探讨，将进一步完善智库在公共政策制定过程中的作用，使以智库为中心的知识网络有益于推进我国国家治理体系和治理能力现代化。

后 记

智库研究是我在上海社会科学院经济研究所多年工作的一项重要内容。上海社会科学院是我国最早开展智库研究的单位，在上海社科院智库研究中心的帮助下，我得以有机会了解地方智库发展的诸多一手材料。但是，要全面把握地方智库发展，必须为智库研究找到一个理论基础。最初我和我的同事们也曾尝试将智库研究理解为某种“产业”进行探索，但是，由于这个产业过于特殊，所以这类研究必须引入公共管理的理论框架展开。我试图在本书中引入一些公共治理的知识，在国家治理现代化的框架下尝试探讨地方智库的发展，同时把我多年对于智库的跟踪、分析和思考进行一些理论化的总结。

本书的出版得到了上海社会科学院经济所的资助。本书的研究不能算典型的主流经济学研究，但是经济所领导依然支持这一跨学科的研究探索，让我由衷感谢。经济所所长沈开艳老师从我读博士起就一直给予我莫大的关心，她的宽容和鼓励一直支撑着我跨学科的研究探索。韩汉君副所长也始终极力推动这项研究的开展以及本书的出版，他的平易经常能缓解我研究的紧张和焦虑。经济所学术委员会和诸位同仁都对本书的出版给予了支持。智库研究中心首席研究员杨亚琴老师为我的研究提供了部分经费支持，同时她为本书的研究提供了诸多资料，也与我就本书内容进行过多次深入探讨。本书的一些基础性研究事实上在多年以前就已经开始，当时我的老搭档、时任智库研究中心副主任的李凌老师与我对诸多问题进行了探讨，许多有启发的思考都融入了本书的写作，而本书的出版也被身在边疆的他惦念。此外，本书的出版还得到了郝能友、李舒蕙等同学的帮助。在此一并表示感谢！

图书在版编目（CIP）数据

国家治理现代化中的地方智库研究 / 谢华育著.
上海 : 上海社会科学院出版社, 2024. -- (上海社会科学院经济研究所青年学者丛书 / 沈开艳主编). -- ISBN 978-7-5520-4510-9

Ⅰ. C932.82

中国国家版本馆 CIP 数据核字第 2024T6R782 号

国家治理现代化中的地方智库研究

著　　者：谢华育
责任编辑：王　睿
封面设计：周清华
出版发行：上海社会科学院出版社
　　　　　上海顺昌路 622 号　邮编 200025
　　　　　电话总机 021－63315947　销售热线 021－53063735
　　　　　https://cbs.sass.org.cn　E-mail:sassp@sassp.cn
排　　版：南京展望文化发展有限公司
印　　刷：上海颛辉印刷厂有限公司
开　　本：710 毫米×1010 毫米　1/16
印　　张：11
字　　数：187 千
版　　次：2024 年 8 月第 1 版　　2024 年 8 月第 1 次印刷

ISBN 978－7－5520－4510－9/C・237　　定价：60.00 元